BCT 단계별 맞춤 프로그램

리얼 비즈 **중국어 1**

BCT 단계별 맞춤 프로그램
리얼 비즈 중국어 1

초판 3쇄 | 2014년 6월 24일

원제 | 新丝路速成商务汉语·初級1
중국 주편 | 리샤오치
한국 주편 | 김종미

발행·편집인 | 노재현
책임편집 | 박근혜
본문디자인 | 박정현
일러스트 | 이지영
인쇄 | 미래프린팅

발행처 | 중앙북스(주) www.joongangbooks.co.kr
등록 | 2007년 2월 13일 제2-4561호
주소 | (121-904) 서울시 마포구 상암산로 48-6번지 DMCC빌딩 20층
구입문의 | 1588-0950
내용문의 | (02)2031-1357
팩스 | (02)2031-1399

BCT 단계별 맞춤 프로그램

리얼 비즈 **중국어**

1

중국 주편 | **리샤오치** ● 한국 주편 | **김종미**

중앙'**books**
JoongAng Ilbo

北京大學出版社
PEKING UNIVERSITY PRESS

들어가는 말 :::

흔히 하나의 외국어는 해당 국가의 문화를 전달하는 도구라고 하지만 사실은 언어를 떠나서는 문화도 사상도 감정도 성립될 수 없기에 언어는 곧 문화이자 교육의 전부이다.

영어를 십수 년 간 배웠지만 영어로 말할 수 없는 당신 곧 나는, 시대를 따라가자니 중국어를 배우기는 해야겠는데, 배워봤자 니하오, 워아이니 수준을 벗어날 수 있을까 하는 회의가 밀려오고, 그래서 제2외국어는 부담으로 다가올 수밖에 없다. 만일 BCT가 그 많고 많은 시험이라는 밥상에 하나 더 얹어진 반찬이라면, 운전면허증이 생애의 마지막 시험일 줄 알았더니 아직도 줄줄이 남아있는 승급 테스트에 얹어진 쓸모없는 시험 쪼가리라면 당신과 나는 이를 과감히 휴지통에 던져 버리자. 전 세계에서 토플/토익 보는 인구가 가장 많고, 전 세계에서 HSK를 보는 인구가 가장 많은 우리나라에서 누구를 괴롭히려고 또 하나의 시험을 개발한단 말인가.

아니다. 수줍게 열리는 꽃봉오리 속에서 우주를 본다는 어느 시인의 말처럼 하나의 언어는 새롭고도 은밀하게 당신에게 또 다른 세계를 열어 줄 것이다. 언어는 우리가 인간임을 결정짓는 특징이며 모국어 이외의 제2언어를 사용할 수 있음은 우리가 교육받은 사람임을 증명하는 증거이지 않은가. 더욱이 ≪리얼 비즈 중국어≫는 배워봤자 쓸모없는 책상머리 언어를 전달하지 않는다. "How are you?"라고 하면 "I'm fine, thank you, and you?"라고 해야 한다고 암기했지만 실제 외국인을 만나면 그 말을 써야 할지 말아야 할지 망설여지는 암기용 외국어를 가르치지 않는다. "니망마? 워뿌망, 니너? 워헌망." 뜬금없이 등장하는 '너 바쁘니? 나 안 바빠' 식의 전시용 중국어를 질문하지 않는다.

1 자료의 진정성, 질문의 진정성(authenticity)은 ≪리얼 비즈 중국어≫가 지닌 가장 큰 미덕 중 하나이다. 2000년대 이후 비즈니스 현장에서 출현하는 각양각색의 담화(discourse)를 수집, 빈도수를 추출하여 가장 많이 사용하는 상용구문으로 교재가 구성되어 있다. 전화번호부, 사무실 임대 공고문, 수첩에 손으로 흘려 쓴 메모, 지도, 항공기 탑승권, 계약서, 초대장, 업무용 편지 등 살아있는 재료들이 교재의 신선도를 유지한다.

2 《리얼 비즈 중국어》는 중국어가 학습(studying)이 아니라 습득(acquisition)이 되도록, 열심히 암기해도 책을 덮고 나면 말할 수 없는 외국어가 아니라 하나를 배우면 바로 하나를 사용하도록 당신을 격려하고 자극한다. 예를 들어 1과에서 1에서 10까지 세기를 배우면 바로 화폐단위를 제시하고 그 화폐를 가지고 물건을 사오도록 요구한다. 그러나 걱정하지 마시라, 새로운 교재에 맞는 새로운 교수법으로 당신이 임무를 완성하도록 도와줄 것이다.

3 하나를 배우면 하나를 활용해야 하는 임무를 주는 것, 즉 이 책은 과업중심형(task-based) 외국어 학습이라는 제2언어학습의 최신이론을 기반으로 설계되었다. 단원마다 연습문제 부분에 임무를 주는데, 당신은 이를 소홀히 하지 마시라. 임무를 수행하여야만 그 단원을 학습한 의미가 있고. 이러한 실전연습이 실제로 중국인을 만났을 때 의사소통을 할 수 있도록 도울 것이다.

4 소집단 활동 중심(group work)으로 임무를 해결하도록 권장하는 것도 이 책의 미덕이다. 위에서 아래로의 일방적인 전달보다는 수평적 의사소통이 더욱 중요해지는 업무 환경에서 소집단 활동 중심으로 임무를 해결하는 과정은 의미있는 활동이 될 것이다. 또한 소집단 활동 중에 일어나는 언어학습이 곧 교육의 핵심임을 체험하면서, 듣기 · 읽기 · 말하기 · 쓰기의 네 영역이 총체적으로 결합하는 경험을 하기 바란다.

중국과의 비즈니스를 성공적으로 수행하려면 중국어를 좋아하고, 중국인을 이해하고, 중국문화를 사랑해야 한다. 중국어는 중국인과의 상호 커뮤니케이션을 가능하게 하는 가장 중심적인 요소이다. 타자를 이해한다는 것은 자기 자신을 돌아보는 일이기도 하다. 중국인, 중국문화를 이해해가면서 한국인, 한국문화에 대한 사랑과 이해도 깊어지는 총체적인 깨달음의 세계로 중국어가 당신을 안내하기를 기대한다.

2009년 나날이 새로운 날
김 종 미

추천하는 말 :::

소통 위주의 중국어 학습!
이제는 바꿀 때가 되었습니다.

김현철 (연세대학교 중어중문학과 교수, 한국BCT위원회 위원장)

우리가 중국어를 공부하면서 자신의 만족감을 증대시키고, 남을 위한 배려 속에서 성장하려면 반드시 사물을 뚫어 보는 통찰의 힘을 길러야 합니다. 통찰력이야말로 새로운 외국어 교육, 곧 소통을 위한 중국어 학습을 위한 강력한 백신임이 틀림없습니다. 통찰력은 하루아침에 길러지지 않으며, 오랜 경험을 통해 조금씩 쌓입니다. 세세한 부분을 유심히 관찰하는 일이 반복되고 쌓여야 통찰력이 향상될 수 있습니다. 중국어 학습에서 경험은 그 무엇보다도 중요합니다. 다양한 경험과 냉정한 통찰이야말로 한 단계 향상된 새로운 중국어 학습의 지평을 열어 줄 수 있기 때문입니다. 이 책을 펼쳐든 순간, 여러분은 그러한 경험과 통찰력을 얻을 수 있는 세상으로 들어오신 것입니다.

지금까지의 외국어 학습 모델은 주로 시설투자나 외형에만 신경 쓴 하드웨어적 교육에 집중되어 있었습니다. 하지만 최근 외국어로 성공한 사례는 모두 창의적인 학습모델 개발이나 학습기법을 기반으로 하고 있습니다. 천문학적인 사교육비를 투자하고도 말 한마디 제대로 못 하는 등, 비효율적으로 진행되어 온 우리의 실용중국어 교육 현실 속에서 공장을 크게 짓지 않고도 목표치를 달성할 수 있는 효과적인 방법은 바로 소통 위주의 교육입니다. 소통 위주의 외국어 교육이 무엇보다 중요합니다.

우리는 보통 구조와 의미를 파악하여 말을 하지 않으며, 규칙에 맞지 않는 말도 자주 씁니다. 이는 사람과 사람이 교제할 때 언어지식보다는 언어의 기능성과 실용성을 더 우선시하기 때문

입니다. 즉 기존의 글말 위주의 수업과 평가방식에서 벗어나 실제적 언어구사능력을 중시하는 실용적이고 기능적인 방식으로 바꾸어 학습해야 합니다. 발상의 전환은 학습방식의 변화를 가져옵니다. 마음먹은 대로 이루어지는 법입니다. 그 결과물이 바로 이 ≪리얼 비즈 중국어≫입니다.

좁은 시각에서 바라보면 언어란 정태적이며 또한 변화가 없는 것처럼 여겨집니다. 하지만 한 걸음 물러나 바라보면 언제나 움직이고 발전하고 있음을 느낄 수 있습니다. 이러한 발전과정의 실마리를 풀고 그 변해 가는 과정을 탐구하는 것, 그리고 이 과정 속에서 우리가 쓰는 중국어의 이해 정도를 가늠하는 것, 이것이 바로 가장 좋은 실용중국어 교재입니다. 원활한 의사소통과 상호작용을 목표로 하는 실용중국어 과정에서는 강의자와 학습자 간의 연계 학습, 학습자 중심의 자기 주도적 학습, 흥미를 잃지 않는 꾸준한 반복 학습이 중요합니다.

본 교재는 철저하게 원활한 의사소통과 상호작용을 통한 소통 위주의 학습방법을 동원하여 만들었습니다. 또한 교재의 내용이 어떻게 전개되는지 한 눈에 보고 알 수 있도록 삽화를 이용하여 쉽게 설명하였을 뿐만 아니라 '알아보기(认一认)', '말해 보기(说一说)', '활용하기(练一练)'의 과정을 거쳐 마지막에 실제 비즈니스 중국어 문제를 제공함으로써 배운 것을 그대로 활용하고 그 활용한 것으로 자신의 실력을 가늠해 볼 수 있도록 획기적으로 구성하였습니다.

여러분은 소중한 여러분의 미래를 위하여 올바른 선택을 하신 겁니다.

구성과 특징

〈리얼 비즈 중국어〉는 총 6권으로 BCT(Business Chiness Test) 맞춤형 중국어 교본입니다. 그중 1권은 BCT 1급(0~200점) 난이도에 준하며, 중국어 초급 학습자가 사회활동에서 쉽게 접할 수 있는 생활 중국어를 중심으로 구성되어 있습니다.

○ 认一认 | 이번 과에서 배울 단어 수준의 내용을 학습합니다.

그림 쏙쏙
사진이나 그림을 보면서 녹음을 듣고 따라하면 자연스럽게 단어와 문장이 쏙쏙 외워집니다.

단어 등장
사회활동에 유용한 단어를 품사별, 의미별로 분류하였습니다.

핵심 콕콕
중요한 어법사항을 예문과 함께 정리해 보세요.

연습하며 쏙쏙
간단한 확인문제로 배운 내용을 복습합니다.

○ 说一说 | 认一认과 동일한 순서로 이번 과에서 배울 구문과 짧은 문장 수준의 내용을 학습합니다.

녹음 듣기
그림을 보며 원어민 발음을 듣고 따라해 보세요. 별책부록 오디오 북을 이용해도 좋습니다.

미션!
배운 내용을 실제 상황에 적용해서 주어진 미션을 수행해 보세요.

○ 练一练 | 이번 과에서 배운 단어와 문장을 총괄한 회화 수준의 내용을 학습합니다.

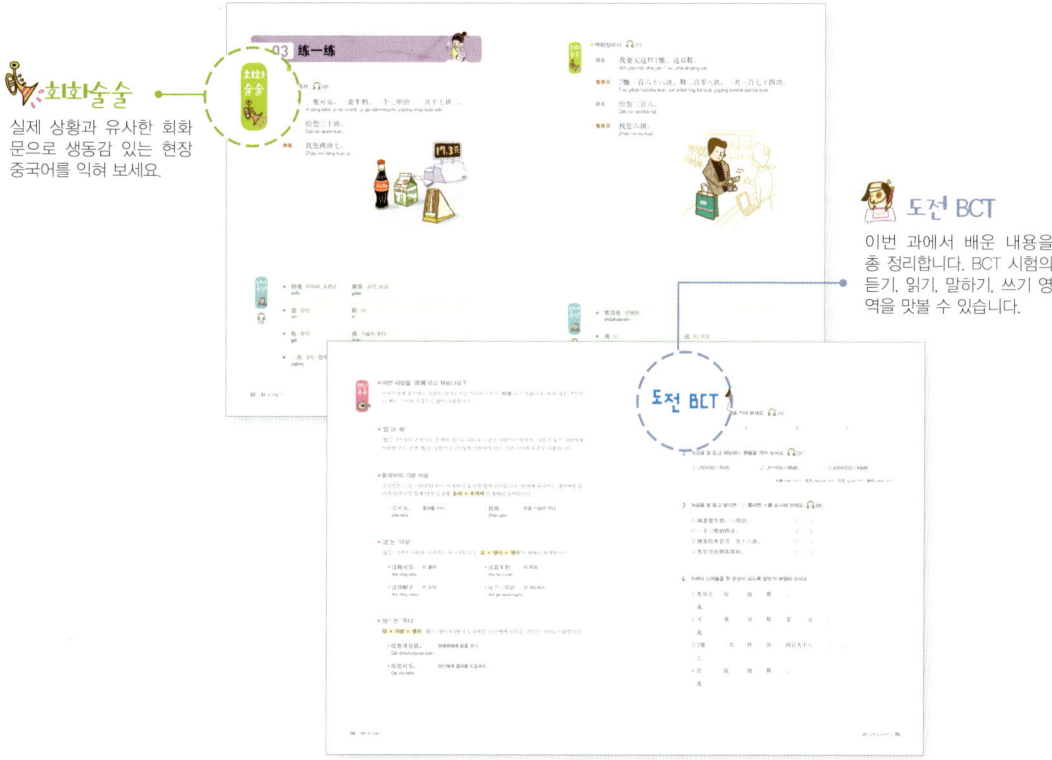

회화술술

실제 상황과 유사한 회화 문으로 생동감 있는 현장 중국어를 익혀 보세요.

도전 BCT

이번 과에서 배운 내용을 총 정리합니다. BCT 시험의 듣기, 읽기, 말하기, 쓰기 영역을 맛볼 수 있습니다.

○ 한걸음 더 | 보충단어와 문화산책으로 중국어 학습을 더욱 풍성하게 하였습니다.

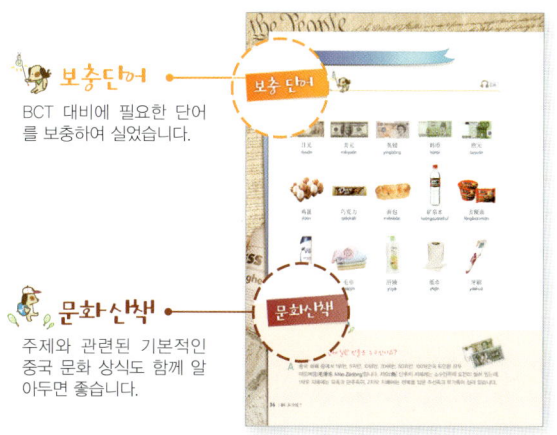

보충단어

BCT 대비에 필요한 단어를 보충하여 실었습니다.

문화산책

주제와 관련된 기본적인 중국 문화 상식도 함께 알아두면 좋습니다.

차례 :::

加油! 화이팅!
Jiāyóu

BCT 소개 :::

■ BCT는?

BCT(Business Chinese Test, 商务汉语考试)는 일상생활과 비즈니스 활동에서 필요한 중국어 능력을 평가하기 위한 중국 정부 공인 중국어 시험입니다.
BCT는 기존의 어법과 암기 위주의 시험에서 벗어나 현장에서의 의사소통 능력을 중점적으로 측정하는 실용 중국어 능력 시험입니다.

■ BCT 구성

BCT는 듣기 · 독해 시험과 말하기 · 쓰기 시험으로 나누어집니다. 시험별로 개별 응시가 가능하며, 점수와 등급도 각각 발급됩니다.

〈듣기 · 독해 시험〉

영 역	문항 수	시 간	배 점	내 용
듣 기 听力	50	40	500	일상생활이나 비즈니스 관련 상황 중 이루어지는 대화의 주제나 사실, 발화자의 의도 등을 파악하기
독 해 阅读	50	60	500	일상생활이나 비즈니스 관련 상황에서 접할 수 있는 광고, 영수증, 메일, 설명서, 도표, 계약서 등을 파악하기
합 계	100	100	1000	100점 만점 원점수에 가중치를 적용해 1000점 만점 변환점수로 가공

〈말하기 · 쓰기 시험〉

영 역	문항 수	시 간	배 점	내 용
말하기 口语	2	10	500	일상생활과 비즈니스 상황에서의 의사소통 능력을 어법과 어휘, 발음, 논리성, 유창성 등을 기준으로 평가
쓰 기 写作	2	40	500	도표 형식의 비즈니스 관련 자료 해석, 서신 작성 등 문어체 표현 쓰기를 평가
합 계	4	50	1000	100점 만점 원점수를 가중치를 적용해 1000점 만점 변환점수로 가공

■ BCT에서 다루는 중국어

BCT는 일상생활과 비즈니스 상황에서 구사하는 중국어 능력을 측정하는 만큼 시험에서 다루는 중국어 영역도 사회생활을 하는 사람들이 쉽게 접할 수 있는 영역을 다루고 있습니다.

영 역	세부 내용
구 매	가격 묻고 답하기, 지불 방식, 환불, 서비스 등
음 식	예약하기, 주문하기, 초대하기, 식사하기 등
이 동	교통수단 이용, 표 예약하기, 지도 보기, 길 묻기 등
인 사	감사 및 칭찬, 소개하기 등
설 명	자료 해석하기, 묘사하기 등
모 집	면접, 채용 공고, 이력서, 자기소개 등
대 우	임금, 상여, 휴가 등
연 락	전화 응답, 전달, 일정 메모, 서신 작성 등
계 약	계약 조건 조율, 계약 내용 확인, 항의 서신 작성 등
은 행	계좌 개설, 이체, 입출금, 대출 등
조 사	상품 분석, 시장 조사, 견학 등
회 의	의견 제시, 동의 · 반대하기, 보고하기 등

■ BCT에 도전하자!

〈리얼 비즈 중국어〉는 중국어를 단계별로 학습하면서 BCT도 함께 준비할 수 있도록 설계된 BCT 맞춤형 종합 교재입니다.

- ■ **1~2권 (초급)** : 사회활동을 하는 학습자가 쉽게 접하는 생활 중국어 중심으로 학습
- ■ **3~4권 (중급)** : 생활 중국어와 비즈니스 업무 중국어를 복합적으로 학습
- ■ **5~6권 (고급)** : 비즈니스 현장에서 접하는 보다 전문적인 비즈니스 중국어를 학습

난이도	단 계	구 성	학습 시간	목표 BCT 등급
초급	1권	12과	48 ~ 50	2급
	2권	12과	48 ~ 50	
중급	3권	10과	50 ~ 52	3급
	4권	10과	50 ~ 52	
고급	5권	8과	56 ~ 60	4급
	6권	8과	56 ~ 60	

■ BCT 등급 기준 및 점수

〈등급 기준〉

등급	중국어 구사 수준
1급	실제 생활에서 필요한 중국어 의사소통 능력 미비
2급	실제 생활에서 중국어로 기본적인 의사소통 가능
3급	실제 생활에서 중국어로 비교적 효과적인 의사소통 가능
4급	실제 생활에서 중국어로 비교적 자연스럽고 능숙한 의사소통 가능
5급	실제 생활에서 자유자재로 시기적절한 중국어 의사소통 가능

〈등급별 점수〉

등급	듣기 · 독해	듣기 · 독해 총점	말하기 · 쓰기	말하기 · 쓰기 총점
1급	각각 0 ~ 100	0 ~ 200	각각 0 ~ 100	0 ~ 200
2급	각각 101 ~ 200	201 ~ 400	각각 101 ~ 200	201 ~ 400
3급	각각 201 ~ 300	401 ~ 600	각각 201 ~ 300	401 ~ 600
4급	각각 301 ~ 400	601 ~ 800	각각 301 ~ 400	601 ~ 800
5급	각각 401 ~ 500	801 ~ 1000	각각 401 ~ 500	801 ~ 1000

※ 한 시험에서 영역 간 점수 폭이 한 등급 이상을 초과할 경우 총점의 등급보다 한 등급 낮은 등급이 발급됩니다.

■ BCT 접수 방법

❶ BCT 공식 홈페이지에서 접수 (www.bctkorea.com)

↓

❷ 정보 등록, 시험 영역 및 고사장 선택

↓

❸ 접수 내용 확인

↓

❹ 응시료 결재 (듣기 · 독해 시험 35,000원, 말하기 · 쓰기 시험 55,000원)

↓

❺ 접수완료, 수험표 출력

发音

발음

이번 단원을 배우면!

• 보통화와 간체자를 알 수 있다.
• 한어병음을 보고 읽을 수 있다.

step 01 중국어의 글과 소리

■ **보통화**

중국은 한반도의 44배 정도인 약 960만㎢의 넓은 국토와 56개의 다민족으로 이뤄진 거대한 국가입니다. 땅도 넓고 민족도 다양한 만큼 중국 안에서도 다양한 방언이 존재해 중국인들끼리도 말이 통하지 않는 경우가 있습니다. 하지만, 이제는 표준어인 '보통화(普通话)' 교육이 확산되면서, 대부분 지역에서 보통화로 의사소통이 가능하게 되었습니다.

■ **간체자**

중국에서는 우리가 쓰는 한자와는 조금 다른 모양의 한자를 사용합니다. 중국에서 사용하는 한자를 '간체자(简体字)'라고 하는데, 간체자는 한자의 복잡한 형태를 간단하게 변형하여 만든 중국어 표준 표기법입니다. 간체자와 구분해 원래의 한자는 '번체자(繁体字)'라고 부릅니다.

门 (門 문:문)
↘ 번체자

간체자

■ **한어병음**

한자는 뜻을 나타내는 글자이기 때문에 한자의 소리는 '한어병음(汉语拼音)'을 사용하여 나타냅니다. 한어병음은 '성모, 운모, 성조'로 이루어져 있습니다. 성모와 운모는 우리말의 자음, 모음과 유사하며, 성조는 소리의 높낮이를 표현해 줍니다. 한어병음은 로마자를 차용하여 표기하지만 영어의 발음과는 다르다는 점에 주의해야 합니다.

성조
mén [먼]
성모 ↙ ↘ 운모

한어병음

중국어에는 소리의 높낮이를 표현하는 '성조(声调)'가 있습니다. 이 성조 때문에 중국어가 노래 같기도 하고 요란스럽게 들리기도 합니다. 성조는 소리의 높낮이를 구분해 줄 뿐만 아니라 음절의 의미도 구별해 줍니다. 성조를 잘 듣고 여러 번 따라 읽어 봅시다.

🎧 001

ā 제1성	→	높은 음이 길게 이어지는 소리	mā 妈 엄마
á 제2성	↗	가장 높은 음으로 비교적 빠르게 올라가는 소리	má 麻 얼얼하다
ǎ 제3성	∨	목젖이 떨릴 때까지 내려가서 자연스럽게 올라가는 소리	mǎ 马 말
à 제4성	↘	짧게 높은 음에서 뚝 떨어지는 소리	mà 骂 혼내다
a 경성		원래의 소리 높이를 상실하고 앞소리에 영향을 받는 가볍고 짧은 소리	ma 吗 ~까?

✍ 연습하며 쓱쓱

■ 녹음을 잘 듣고 알맞은 것을 골라 보세요. 🎧 002

① ☐ bā ☐ bá   ② ☐ má ☐ mà

③ ☐ dǎ ☐ dá   ④ ☐ nā ☐ nà

step 03 중국어의 성모

중국어의 '성모(声母)'는 우리말의 자음과 유사합니다. 단독으로 쓰이지 않고, 운모와 결합한 형태로 사용합니다. 성모를 잘 듣고 여러 번 따라 읽어 봅시다.

🎧 003

b [bo]	p [po]	m [mo]	f [fo]
bā 八 여덟 bǎi 百 백	pá 爬 오르다 pī 批 허락하다	mǎi 买 사다 mí 迷 팬	fàn 饭 밥 fā 发 보내다
d [de]	t [te]	n [ne]	l [le]
dà 大 크다 dī 低 낮다	tīng 听 듣다 tú 图 그림	nán 男 남자 nǚ 女 여자	liù 六 여섯 liàn 练 연습하다
g [ge]	k [ke]	h [he]	
gāo 高 높다 guì 贵 비싸다	kàn 看 보다 kè 课 수업	hǎo 好 좋다 hǎi 海 바다	

※ 중국어의 성모는 단독으로 쓰이지 않기 때문에 성모 읽기 연습을 할 때는 운모 'o, e, i'를 붙여서 읽습니다.

j [ji]	q [qi]	x [xi]
jiā 家 가족 jiǔ 九 아홉	qī 七 일곱 qián 钱 돈	xiǎo 小 작다 xié 鞋 신발

zh [zhi]	ch [chi]	sh [shi]	r [ri]
zhǎo 找 찾다 zhēn 真 진짜	chá 茶 차 chuān 穿 입다	shān 山 산 shuō 说 말하다	rén 人 사람 rì 日 날

z [zi]	c [ci]	s [si]
zuò 坐 앉다 zǒu 走 걷다	cài 菜 요리 cì 次 번	sān 三 셋 sì 四 넷

🖉 연습하며 쓱쓱

■ 녹음을 잘 듣고 알맞은 것을 골라 보세요. 🎧 005

① ☐ de　☐ ne　　　　② ☐ ji　☐ zhi

③ ☐ po　☐ fo　　　　④ ☐ shi　☐ si

■ 녹음을 잘 듣고 알맞은 성모를 적어 보세요. 🎧 006

①　　　　a　　　　②　　　　i

③　　　　e　　　　④　　　　i

중국어의 '운모(韵母)'는 우리말의 모음과 유사합니다. 단독으로 쓰일 때도 있고, 성모와 결합하여 쓰일 때도 있습니다. 운모를 잘 듣고 여러 번 따라 읽어 봅시다.

🎧 007

a	o	e
tā 他 그 pà 怕 두렵다	bóshì 博士 박사 bóbo 伯伯 큰아버지	zhè 这 이것 kè 课 수업

i (yi)	u (wu)	ü (yu)
dī 低 낮다 yī 一 하나	dú 读 읽다 wǔ 五 다섯	nǚ 女 여자 yú 鱼 생선

※ 괄호 안은 운모 단독으로 쓰일 때의 표기법입니다.

주의 'i'의 발음

'zh, ch, sh, r, z, c, s'와 결합하는 'i'는 '이'가 아닌 '으'로 소리 납니다. 🎧 008

예 shì 事 일   shēngrì 生日 생일   gōngsī 公司 회사

주의 성조 표기 방법

① 성조는 운모 위에 표시합니다. 'i'는 위의 점을 빼고 성조를 표시합니다.

예 bā gē mó zhǐ chǔ lù

② 여러 글자로 이루어진 운모는 입을 가장 크게 벌리는 모음 위에 성조를 표시합니다. 다만 'i'와 'u'가 함께 나오면 뒤에 오는 모음에 표시합니다.

a > e/o > i/u/ü

예 ái − iá   ěi − iě   ǒu − uǒ   uì − iù

ai	ei	ao	ou
ài 爱 사랑하다 lái 来 오다	lèi 累 피곤하다 měi 每 매	shǎo 少 적다 lǎo 老 늙다	dōu 都 모두 shǒu 手 손

an	en	er	
màn 慢 느리다 zhàn 占 차지하다	běn 本 본래의 fēn 分 분	érzi 儿子 아들 gāo'ěrfū 高尔夫 골프	

ang	eng	ong	
máng 忙 바쁘다 pàng 胖 뚱뚱하다	shēngrì 生日 생일 péngyou 朋友 친구	sòng 送 보내다 zhōng 中 가운데	

연습하며 쓱쓱

■ 녹음을 잘 듣고 알맞은 것을 골라 보세요. 010

① ☐ nǎi   ☐ něi   ② ☐ gāo   ☐ gōu

③ ☐ kàn   ☐ kèn   ④ ☐ páng   ☐ péng

■ 녹음을 잘 듣고 알맞은 운모와 성조를 적어 보세요. 011

① zh _____   ② f _____

③ t _____   ④ s _____

ia (ya)	**ie** (ye)	**iao** (yao)	**iu** (you)
xià**bān** 下班 퇴근하다 kǎo**yā** 烤鸭 오리구이	dì**tiě** 地铁 지하철 bì**yè** 毕业 졸업	**jiào** 教 가르치다 **yào** 要 원하다	ni**ú**nǎi 牛奶 우유 **yǒu** 有 있다

ian (yan)	**in** (yin)
jīn**nián** 今年 올해 **yǎn**jìng 眼镜 안경	jīn**tiān** 今天 오늘 **yín**háng 银行 은행

iang (yang)	**ing** (ying)	**iong** (yong)
x**iǎng** 想 하고 싶다 **yáng** 羊 양	m**íng**piàn 名片 명함 diàn**yǐng** 电影 영화	x**ióng** 熊 곰 yóu**yǒng** 游泳 수영

ua (wa)	**uo** (wo)	**uai** (wai)	**ui** (wei)
diàn**huà** 电话 전화 **wá**wa 娃娃 인형	d**uō** 多 많다 **wǒ** 我 나	k**uài** 快 빠르다 **wài** 外 바깥의	s**uì** 岁 세 **wèi** 位 분

주의 'iu, ui, un'의 표기

'iu, ui, un'은 본래 [iou, uei, uen] 소리이지만 각각 'o, e, e'를 생략하고 표기합니다.

예 九 jiǔ [jiou] 아홉   对 duì [duei] 옳다   顿 dùn [duen] 번, 끼

주의 'ü'의 표기

성모 'j, q, x'가 'ü, üe, üan, ün'과 결합할 때 'ü'는 위의 두 점을 생략하고 표기합니다.

예 jü → ju   qüe → que   xüan → xuan

🎧 013

uan (wan)	**un** (wen)
chuān 穿 입다 wǎnshang 晚上 저녁	jiéhūn 结婚 결혼하다 qìwēn 气温 기온

uang (wang)	**ueng** (weng)
huángsè 黄色 노란색 wǎngqiú 网球 테니스	wēng 翁 노인

üe (yue)	**üan** (yuan)	**ün** (yun)
xuéxí 学习 공부하다 yīnyuè 音乐 음악	quánjiā 全家 온 가족 yuǎn 远 멀다	qúnzi 裙子 치마 yún 云 구름

연습하며 쑥쑥

■ 녹음을 잘 듣고 알맞은 것을 골라 보세요. 🎧 014

① □ guò □ guà   ② □ yuán □ wán
③ □ duǎn □ dǔn   ④ □ shāng □ shuāng

■ 녹음을 잘 듣고 알맞은 운모와 성조를 적어 보세요. 🎧 015

① ch ___   ② z ___
③ k ___   ④ l ___

중국어의 성조 변화

■ 제3성의 성조 변화

제3성은 뒤에 오는 글자의 성조에 따라 음조가 변합니다. 특히 제3성이 제1·2·4성 앞에 올 때는 내려가는 부분만 발음되는데, 이를 '반3성'이라고 합니다.

🎧 016

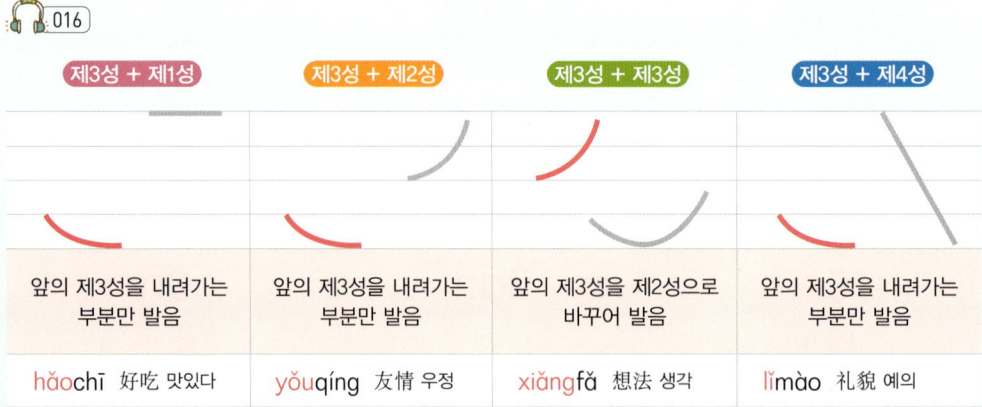

제3성 + 제1성	제3성 + 제2성	제3성 + 제3성	제3성 + 제4성
앞의 제3성을 내려가는 부분만 발음	앞의 제3성을 내려가는 부분만 발음	앞의 제3성을 제2성으로 바꾸어 발음	앞의 제3성을 내려가는 부분만 발음
hǎochī 好吃 맛있다	yǒuqíng 友情 우정	xiǎngfǎ 想法 생각	lǐmào 礼貌 예의

■ 경성의 높낮이 변화

경성은 원래의 음조를 상실하고 가볍고 짧은 음조로 읽는 성조입니다. 경성의 실제 발음은 앞 글자의 성조에 영향을 받습니다.

🎧 017

제1성 + 경성	제2성 + 경성	제3성 + 경성	제4성 + 경성
māma 妈妈 엄마	yéye 爷爷 할아버지	nǎinai 奶奶 할머니	bàba 爸爸 아빠
zhuōzi 桌子 책상	xuésheng 学生 학생	yǐzi 椅子 의자	dìfang 地方 장소

※ 제3성은 경성 앞에서 반3성으로 변합니다.

■ '不'의 성조 변화

'不'는 원래 제4성(bù)으로 읽습니다. 하지만 뒤에 제4성이 올 때는 제2성으로 발음합니다.

不 + 제1성	不 + 제2성	不 + 제3성	不 + 제4성
'不'의 원래 성조인 제4성으로 발음	'不'의 원래 성조인 제4성으로 발음	'不'의 원래 성조인 제4성으로 발음	'不'의 성조를 제2성으로 발음
bù chī 不吃 안 먹다	bù rú 不如 ~만 못하다	bù hǎo 不好 안 좋다	bú qù 不去 안 가다

■ 'ㅡ'의 성조 변화

숫자 'ㅡ'는 순서나 수를 의미할 때 원래 성조인 제1성(yī)으로 발음합니다. 하지만 단어 중에 위치할 때에는 뒤에 오는 성조에 따라 변화된 성조로 발음합니다.

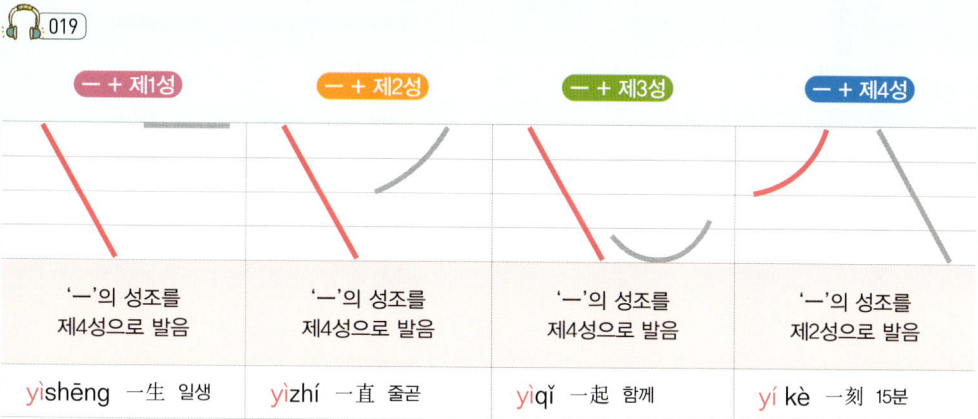

一 + 제1성	一 + 제2성	一 + 제3성	一 + 제4성
'ㅡ'의 성조를 제4성으로 발음	'ㅡ'의 성조를 제4성으로 발음	'ㅡ'의 성조를 제4성으로 발음	'ㅡ'의 성조를 제2성으로 발음
yìshēng 一生 일생	yìzhí 一直 줄곧	yìqǐ 一起 함께	yí kè 一刻 15분

도전 발음 완성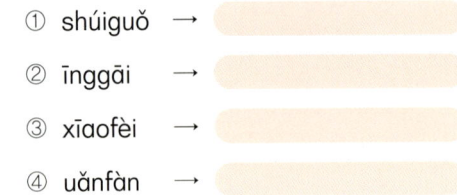

1 숫자를 읽어 보세요. 🎧 020

一	二	三	四	五	六	七	八	九	十
yī	èr	sān	sì	wǔ	liù	qī	bā	jiǔ	shí

2 녹음을 잘 듣고 빈칸에 알맞은 성모를 적어 보세요. 🎧 021

① ___iàn   ___āo   ② ___iāo   ___èi

③ ___ān   ___íng   ___ì   ④ ___ū   ___ū   ___ē

3 녹음을 잘 듣고 빈칸에 알맞은 운모와 성조를 적어 보세요. 🎧 022

① sh___   b___   ② w___   sh___   m___

③ zh___   y___   ④ n___   h___

4 녹음을 잘 듣고 알맞은 성조를 붙여 보세요. 🎧 023

① daomei   ② feichang

③ niunai   ④ gonggongqiche

5 다음의 한어병음에서 틀린 곳을 찾아 다시 적어 보세요.

① shúiguǒ →

② īnggāi →

③ xīaofèi →

④ uǎnfàn →

多少钱?

얼마입니까?

이번 단원을 배우면!
• 중국의 화폐단위를 이해하고 돈을 셀 수 있다.
• 상품의 가격을 보고 이해할 수 있다.
• 간단한 중국어 표현으로 물건을 살 수 있다.

step | **01** 认一认

■ 위안화의 화폐단위를 반복해서 들어 봅시다.

024

① 一百块

②

③

④

⑤

⑥

● 一 일　　二 이　　三 삼　　四 사　　五 오
　yī　　　èr　　　sān　　　sì　　　wǔ

　六 육　　七 칠　　八 팔　　九 구　　十 십
　liù　　　qī　　　bā　　　jiǔ　　　shí

025

● 人民币 인민폐　　元 위안 (중국의 화폐단위)　　角 자오 (0.1위안)　　分 펀 (0.01위안)
　rénmínbì　　　yuán　　　　　　　　　　jiǎo　　　　　　　　fēn

　块 콰이 (元의 구어체)　　毛 마오 (角의 구어체)
　kuài　　　　　　　　　　máo

● 零 영　　两 둘　　百 백
　líng　　　liǎng　　bǎi

■ 위안화

중국의 화폐를 '위안화'라고 합니다. 화폐의 단위는 큰 단위부터 작은 단위 순으로 '元(块)', '角 (毛)', '分'이 있으며, '元, 角'는 구어체에서 각각 '块, 毛'로 읽습니다. 또한 1위안보다 작은 화폐단위가 마지막에 위치하면 종종 단위를 생략해서 말하기도 합니다.

· 7.66元 　 七块六毛六(分)
　　　　　　 qī kuài liù máo liù (fēn)

· 59.3元 　 五十九块三(毛)
　　　　　　 wǔshíjiǔ kuài sān (máo)

· 126.30元 　 一百二十六块三(毛)
　　　　　　　 yìbǎi èrshíliù kuài sān (máo)

· 507元 　 五百零七块
　　　　　 wǔbǎi líng qī kuài

■ '二'과 '两'

숫자 '2'는 경우에 따라서 '二'과 '两' 두 가지 방법으로 읽습니다.

① 기본적으로 숫자를 읽을 때는 '二'

· 12 　 十二
　　　　 shí'èr

· 20 　 二十
　　　　 èrshí

· 22 　 二十二
　　　　 èrshí'èr

· 120 　 一百二十
　　　　　 yìbǎi èrshí

② '二'과 '两' 두 가지로 읽는 경우

· 200 　 两百 / 二百
　　　　　 liǎngbǎi (èrbǎi)

· 2000 　 两千 / 二千
　　　　　　 liǎngqiān (èrqiān)

· 2만 　 两万 / 二万
　　　　　 liǎngwàn (èrwàn)

· 2억 　 两亿 / 二亿
　　　　　 liǎngyì (èryì)

＊千 qiān 천 ｜ 万 wàn 만 ｜ 亿 yì 억

■ 녹음을 다시 듣고 그림 쏙쏙 의 빈 칸을 채워 보세요.

[보기] 　 ① 一百块

■ 아래의 금액을 읽어 보세요.

ⓐ 268.00元 　　　　 ⓑ 53.6元 　　　　 ⓒ 109元 　　　　 ⓓ 880元

■ 여러 가지 상품의 종류와 가격을 듣고 말해 봅시다.

 가격: 4元

 가격: 9.8元

 가격: 3.5元

① 一瓶可乐四块

②

③

가격: 208元

가격: 166元

가격: 17元

④

⑤

⑥

瓶 병 píng	盒 갑 hé	个 개 gè	双 쌍, 켤레 shuāng
件 벌 jiàn	顶 개 (모자를 세는 단위) dǐng		

可乐 콜라 kělè	牛奶 우유 niúnǎi	三明治 샌드위치 sānmíngzhì	鞋 신발 xié
T恤 티셔츠 T xù	帽子 모자 màozi		

多少 얼마 (의문) duōshao	钱 돈 qián	多少钱 얼마입니까 duōshao qián

■ 수량 표현하기

'숫자 + 양사 + 명사'. 중국어는 상품의 수량을 세는 단위인 양사를 꼭 사용합니다. 명사마다 사용하는 양사가 다르기 때문에 잘 익혀두어야 합니다. 가장 광범위하게 쓰이는 양사는 '个'입니다.

- 一双鞋　　　신발 한 켤레
  yì shuāng xié

- 两件T恤　　　티셔츠 두 벌
  liǎng jiàn T xù

> 양사 앞에 '2'는 '两'으로 읽습니다.

- 三瓶可乐　　　콜라 세 병
  sān píng kělè

- 四个三明治　　샌드위치 네 개
  sì ge sānmíngzhì

■ 가격 묻기

가격을 물을 때에는 일반적으로 '一 + 양사 + 명사 + 多少钱？'이라고 합니다.

- Q : 一双鞋多少钱？　　　　신발 한 켤레에 얼마입니까?
  Yì shuāng xié duōshao qián?

  A : 一双鞋一百三十六块。　신발 한 켤레에 136위안입니다.
  Yì shuāng xié yìbǎi sānshíliù kuài.

- Q : 一盒牛奶多少钱？　　　우유 한 팩에 얼마입니까?
  Yì hé niúnǎi duōshao qián?

  A : 九块八。　　　　　　　9.8위안입니다.
  Jiǔ kuài bā.

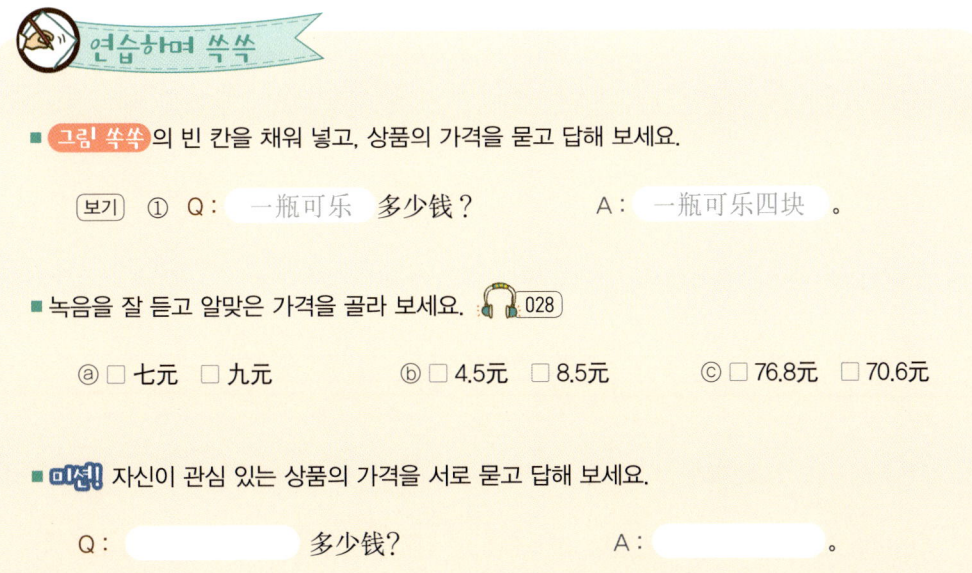

연습하며 쓱쓱

■ 그림 쏙쏙 의 빈 칸을 채워 넣고, 상품의 가격을 묻고 답해 보세요.

보기 ① Q : 一瓶可乐 多少钱？　　　A : 一瓶可乐四块 。

■ 녹음을 잘 듣고 알맞은 가격을 골라 보세요. 🎧 028

ⓐ □ 七元　□ 九元　　　ⓑ □ 4.5元　□ 8.5元　　　ⓒ □ 76.8元　□ 70.6元

■ 미션! 자신이 관심 있는 상품의 가격을 서로 묻고 답해 보세요.

Q :　　　　　　　多少钱？　　　A :　　　　　　　。

step | **03** **练一练**

■ 편의점에서 029

师傅　一瓶可乐、一盒牛奶、一个三明治，一共十七块三。
Yì píng kělè、yì hé niúnǎi、yí ge sānmíngzhì, yígòng shíqī kuài sān.

顾客　给您二十块。
Gěi nín èrshí kuài.

师傅　找您两块七。
Zhǎo nín liǎng kuài qī.

030

●	师傅　아저씨, 숙련공 shīfu	顾客　고객, 손님 gùkè	
●	您　당신 nín	你　너 nǐ	
●	给　주다 gěi	找　거슬러 주다 zhǎo	
●	一共　모두, 합계 yígòng		

■ 백화점에서  031

顾客　我要买这件T恤、这双鞋。
　　　Wǒ yào mǎi zhè jiàn T xù、zhè shuāng xié.

售货员　T恤一百六十六块，鞋二百零八块，一共三百七十四块。
　　　　T xù yìbǎi liùshíliù kuài, xié èrbǎi líng bā kuài, yígòng sānbǎi qīshísì kuài.

顾客　给您三百八。
　　　Gěi nín sānbǎi bā.

售货员　找您六块。
　　　　Zhǎo nín liù kuài.

032

● 售货员 판매원
　shòuhuòyuán

● 我 나　　　　　　　　　　这 이, 이것
　wǒ　　　　　　　　　　　zhè

● 要 원하다, ~하려고 하다　　买 사다
　yào　　　　　　　　　　　mǎi

■ 어떤 사람을 '师傅'라고 부르나요?

서비스업에 종사하는 사람은 남녀노소를 막론하고 모두 '师傅'라고 부릅니다. 특히 상점 주인이나 택시 기사의 호칭으로 많이 사용합니다.

■ '您'과 '你'

'您'은 2인칭의 존칭어로 존경의 의미를 나타내고 낯선 사람이나 연장자, 지위가 높은 사람에게 사용합니다. 반면 '你'는 일반적인 2인칭에 사용하며 아는 사람 사이에서 주로 사용합니다.

■ 중국어의 기본 어순

우리말은 '～을 ～하다'와 같이 목적어가 동사의 앞에 위치합니다. 반면에 중국어는 영어처럼 동사가 목적어의 앞에 먼저 등장해 **동사 + 목적어**의 형태로 표현합니다.

- 买可乐。　　　콜라를 사다.
  Mǎi kělè.

- 找钱。　　　　돈을 거슬러 주다.
  Zhǎo qián.

■ '这'는 '이것'

'这'는 가까운 사물을 가리키는 지시어입니다. '**这 + 양사 + 명사**'의 형태로 표현합니다.

- 这瓶可乐　　이 콜라
  zhè píng kělè

- 这盒牛奶　　이 우유
  zhè hé niúnǎi

- 这顶帽子　　이 모자
  zhè dǐng màozi

- 这个三明治　　이 샌드위치
  zhè ge sānmíngzhì

■ '给①'는 '주다'

'**给 + 사람 + 명사**'. '给'는 영어의 4형식 동사처럼 '(누구에게 무엇을) 주다'는 의미로 사용합니다.

- 给售货员钱。　　판매원에게 돈을 주다.
  Gěi shòuhuòyuán qián.

- 给您可乐。　　당신에게 콜라를 드릴게요.
  Gěi nín kělè.

도전 BCT

1 녹음을 잘 듣고 금액을 적어 보세요. 🎧 033

① _____   ② _____   ③ _____   ④ _____

2 녹음을 잘 듣고 해당하는 환율을 적어 보세요. 🎧 034

① USD100 = RMB _____   ② JPY100 = RMB _____   ③ KRW100 = RMB _____

***换** huàn 바꾸다 ｜ **美元** měiyuán 달러 ｜ **日元** rìyuán 엔화 ｜ **韩币** hánbì 원화

3 녹음을 잘 듣고 맞으면 ○, 틀리면 ×를 표시해 보세요. 🎧 035

① 顾客要牛奶、三明治。　　　　　　　　(　　)
② 一个三明治四块。　　　　　　　　　　(　　)
③ 顾客给售货员一共十八块。　　　　　　(　　)
④ 售货员找顾客两块。　　　　　　　　　(　　)

4 아래의 단어들을 한 문장이 되도록 알맞게 배열해 보세요.

① 售货员　　给　　钱　　我　　。

我 _____

② 买　　我　　双　　鞋　　要　　这　　。

我 _____

③ T恤　　一共　　件　　块　　四百九十八　　三　　。

三 _____

④ 您　　钱　　找　　我　　。

我 _____

보충 단어 036

日元
rìyuán

美元
měiyuán

英镑
yīngbàng

韩币
hánbì

欧元
ōuyuán

鸡蛋
jīdàn

巧克力
qiǎokèlì

面包
miànbāo

矿泉水
kuàngquánshuǐ

方便面
fāngbiànmiàn

洗发水
xǐfàshuǐ

毛巾
máojīn

浴液
yùyè

纸巾
zhǐjīn

牙刷
yáshuā

문화산책

Q 중국 지폐 도안에 실린 인물은 누구인가요?

A 중국 화폐 중에서 1위안, 5위안, 10위안, 20위안, 50위안, 100위안의 도안은 모두
마오쩌둥(毛泽东 Máo Zédōng)입니다. 자오(角) 단위의 지폐에는 소수민족의 도안이 실려 있는데,
1자오 지폐에는 묘족과 만주족이, 2자오 지폐에는 한복을 입은 조선족과 토가족이 실려 있습니다.

你几点上班?

몇 시에 출근하세요?

이번 단원을 배우면!

· 시간을 표현할 수 있다.
· 사건이 발생한 시간을 말할 수 있다.
· 하루 일과를 소개할 수 있다.

그림
쏙쏙

037

■ 시각을 나타내는 표현을 반복해서 들어 봅시다.

① 2008年8月8日星期五

②

③

④

⑤

⑥

단어
등장

038

● 年 년　　　　月 월　　　　日 일　　　　号 일
　　nián　　　　yuè　　　　rì　　　　　hào

　　天 일　　　　星期 주, 요일
　　tiān　　　　xīngqī

● 早上 아침　　上午 오전　　中午 점심　　下午 오후
　　zǎoshang　　shàngwǔ　　zhōngwǔ　　xiàwǔ

　　晚上 저녁
　　wǎnshang

● 点 시　　　　分 분　　　　刻 15분　　　半 반, 30분
　　diǎn　　　　fēn　　　　kè　　　　　bàn

■ 요일 표현하기

요일은 '星期 + 숫자'의 형태로 표현합니다. 단, 일요일은 예외이니 주의합니다.

- 星期一　월요일
  xīngqīyī
- 星期二　화요일
  xīngqī'èr
- 星期三　수요일
  xīngqīsān
- 星期四　목요일
  xīngqīsì

- 星期五　금요일
  xīngqīwǔ
- 星期六　토요일
  xīngqīliù
- 星期日(=星期天)　일요일
  xīngqīrì (xīngqītiān)

■ 일시 표현하기

일시를 표현할 때에는 큰 단위부터 작은 단위의 순서대로 표현합니다.

- 2006年6月2日星期五下午七点二十分　　2006년 6월 2일 금요일 오후 7시 20분
  èr líng líng liù nián liù yuè èr rì xīngqīwǔ xiàwǔ qī diǎn èrshí fēn

■ '日'와 '号'

문어체에서는 '日'를, 구어체에서는 '号'를 더 많이 사용합니다.

- 一月二十五日　　1월 25일 (문어체)
  yī yuè èrshíwǔ rì
- 一月二十五号　　1월 25일 (구어체)
  yī yuè èrshíwǔ hào

연습하며 쓱쓱

■ 그림 쓱쓱 의 빈 칸을 채워 보세요. 그리고 아래 그림을 보고 날짜와 시간을 말해 보세요.

ⓐ

```
1999
02/22/MON
04:30®
```

ⓑ

```
2007
05/01/TUE
12:00®
```

ⓒ

```
2010
09/19/SUN
09:25®
```

■ 미션! 자신에게 특별하게 의미 있는 날의 날짜를 적고 말해 보세요.

ⓐ ____ 年 ____ 月 ____ 日　　ⓑ ____ 年 ____ 月 ____ 日

ⓒ ____ 年 ____ 月 ____ 日　　ⓓ ____ 年 ____ 月 ____ 日

■ 다음 동작과 시간을 듣고 말해 봅시다.

039

① 她早上六点　② 　　　　　③ 　　　　　④
三刻起床。

⑤ 　　　　　⑥ 　　　　　⑦ 　　　　　⑧

● 起床　일어나다　　洗澡　목욕하다　　上班　출근하다　　吃饭　밥을 먹다
　 qǐchuáng　　　　xǐzǎo　　　　　shàngbān　　　　chīfàn

　 学习　공부하다　　下班　퇴근하다　　看电视　TV를 보다　睡觉　잠을 자다
　 xuéxí　　　　　xiàbān　　　　　kàn diànshì　　　shuìjiào

040

● 早饭　아침밥　　午饭　점심밥　　晚饭　저녁밥　　书　책
　 zǎofàn　　　　wǔfàn　　　　　wǎnfàn　　　　shū

　 汉语　중국어
　 Hànyǔ

● 他　그　　　她　그녀
　 tā　　　　tā

■ '他'와 '她'

'他'는 3인칭 남성 '그'를, '她'는 3인칭 여성 '그녀'를 말합니다. 한자로는 구별 되지만 한어병음으로는 그 소리가 같습니다.

· 他吃饭。   그는 밥을 먹는다.
  Tā chīfàn.

· 她吃饭。   그녀는 밥을 먹는다.
  Tā chīfàn.

■ 동작이 일어난 시간 표현하기

어떤 동작이 일어난 시간을 표현할 때에는 '주어 + 시간 + 동사'의 형태를 사용합니다. 중국어는 기본적으로 주어와 동사 사이에 시간사가 위치합니다.

· 他晚上十一点半睡觉。   그는 저녁 11시 반에 잠을 잔다.
  Tā wǎnshang shíyī diǎn bàn shuìjiào.

· 我星期五早上七点学习汉语。   나는 금요일 아침 7시에 중국어를 공부한다.
  Wǒ xīngqīwǔ zǎoshang qī diǎn xuéxí Hànyǔ.

· 她下午三点看书。   그녀는 오후 3시에 책을 읽는다.
  Tā xiàwǔ sān diǎn kàn shū.

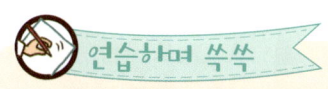

■ 녹음을 다시 듣고 그림 쓱쓱 의 빈 칸을 채워 보세요.

[보기] ① 她早上六点三刻起床。

■ 미션! 자신의 일과를 소개해 보세요.

> [보기] 我 晚上十一点 睡觉 。

ⓐ 我 _____ _____ 。

ⓑ 我 _____ _____ 。

ⓒ 我 _____ _____ 。

■ 시각 묻고 답하기 🎧 041

小王　现在几点？
　　　Xiànzài jǐ diǎn?

小李　现在三点一刻。
　　　Xiànzài sān diǎn yí kè.

小王　今天几月几号？
　　　Jīntiān jǐ yuè jǐ hào?

小李　今天6月8号。
　　　Jīntiān liù yuè bā hào.

■ 요일 묻고 답하기 🎧 042

小刘　昨天星期几？
　　　Zuótiān xīngqī jǐ?

小张　昨天星期三。
　　　Zuótiān xīngqīsān.

小刘　明天星期几？
　　　Míngtiān xīngqī jǐ?

小张　明天星期五。
　　　Míngtiān xīngqīwǔ.

小王　你每天几点睡觉？
　　　Nǐ měi tiān jǐ diǎn shuìjiào?

小刘　我每天晚上十二点睡觉。
　　　Wǒ měi tiān wǎnshang shí'èr diǎn shuìjiào.

小王　你什么时候学习汉语？
　　　Nǐ shénme shíhou xuéxí Hànyǔ?

小刘　我每个星期六学习汉语。
　　　Wǒ měi ge xīngqīliù xuéxí Hànyǔ.

● 几　몇 (의문)　　　什么时候　언제 (의문)
　jǐ　　　　　　　　shénme shíhou

● 现在　지금, 현재　　昨天　어제　　　今天　오늘　　　明天　내일
　xiànzài　　　　　zuótiān　　　　jīntiān　　　　míngtiān

● 每　매
　měi

■ '几点'과 '什么时候'

'几点'과 '什么时候'는 모두 정확한 시점을 물어보는 표현입니다. 다만 '年, 月, 号, 上午, 下午, 晚上, 星期' 등의 비교적 큰 시간 단위에는 '什么时候'를 사용합니다.

- Q : 你什么时候上班？　　너는 언제 출근하니？
  Nǐ shénme shíhou shàngbān?

  A : 我星期二上班。　　나는 화요일에 출근해.
  Wǒ xīngqī'èr shàngbān.

  我九点上班。　　나는 9시에 출근해.
  Wǒ jiǔ diǎn shàngbān.

- Q : 你几点上班？　　너는 몇 시에 출근하니？
  Nǐ jǐ diǎn shàngbān.

  A : 我九点上班。　　나는 9시에 출근해.
  Wǒ jiǔ diǎn shàngbān.

■ 명사술어문

'명사술어문'은 명사가 서술어의 역할을 하는 문형입니다. 술어 부분에 '나이, 날짜, 시간, 출신' 등을 의미하는 명사가 위치하면, 우리말의 '～이다'에 해당하는 '是' 없이 바로 주어 + 명사로 표현합니다.

- 今天星期五。　　오늘은 금요일이다.
  Jīntiān xīngqīwǔ.

- 现在八点。　　지금은 8시이다.
  Xiànzài bā diǎn.

■ '每'는 '매, 각각의'

'每 + 양사 + 명사'의 형태로 사용합니다.

- 每个顾客　　매 고객
  měi ge gùkè

- 每天　　매일
  měi tiān

- 每个星期一　　매주 월요일
  měi ge xīngqīyī

- 每年　　매년
  měi nián

도전 BCT

1 녹음을 잘 듣고 알맞은 답을 골라 보세요. 🎧 045

① a. 2月5日 　　b. 12月20日 　　c. 12月25日 　　d. 2月20日

② a. 星期二 　　b. 星期四 　　c. 星期一 　　d. 星期三

2 녹음을 잘 듣고 빈 칸을 채워 보세요. 🎧 046

① ＿＿＿＿＿＿ 5月8号。　　② 昨天 ＿＿＿＿＿＿ 。

③ 我 ＿＿＿ 下午 ＿＿＿ 学习。　　④ 他早上七点半 ＿＿＿＿＿＿ 。

3 '나의 하루 일과'를 듣고 시간을 적어 보세요. 🎧 047

　　今天星期 ＿＿＿＿＿ ，我早上 ＿＿＿＿ 起床，＿＿＿＿ 吃早饭。＿＿＿ 出门，＿＿＿ 上班。中午 ＿＿＿＿ 吃午饭，＿＿＿ 上班，下午 ＿＿＿ 下班。

＊出门 chūmén 문을 나서다

4 주어진 단어들을 한 문장이 되도록 알맞게 배열해 보세요.

① 点　　几　　你　　起床　　？

你 ＿＿＿＿＿＿＿＿＿＿＿

② 他　　晚上　　睡觉　　昨天　　几　　点　　？

你 ＿＿＿＿＿＿＿＿＿＿＿

③ 你　　上班　　什么时候　　？

你 ＿＿＿＿＿＿＿＿＿＿＿

④ 每　　我　　上午　　星期天　　个　　汉语　　学习　　。

我 ＿＿＿＿＿＿＿＿＿＿＿

048

보충 단어

2009年 7月 1日	←	2009年 7月 2日	←	2009年 7月 3日	→	2009年 7月 4日	→	2009年 7月 5日
前天 qiántiān		昨天 zuótiān		今天 jīntiān		明天 míngtiān		后天 hòutiān

2007年 7月 3日	←	2008年 7月 3日	←	2009年 7月 3日	→	2010年 7月 3日	→	2011年 7月 3日
前年 qiánnián		去年 qùnián		今年 jīnnián		明年 míngnián		后年 hòunián

문화산책

Q 중국인의 근무시간은 몇 시부터 몇 시까지인가요?

A 중국 정부 기관은 일반적으로 오전 8시에 출근해서 점심 12시에 퇴근했다가, 오후 1시에 다시 출근하여 5시에 퇴근합니다. 중국의 회사는 일반적으로 오전 9시에 출근해서 오후 5시에 퇴근합니다.

这是我的名片。

제 명함입니다.

이번 단원을 배우면!
· 전화, 팩스, 이메일을 중국어로 사용할 수 있다.
· 상대방에게 자신의 연락처를 소개할 수 있다.

■ 다양한 형태의 연락처를 반복해서 들어 봅시다.

049

① 62751916

②

③

④

⑤

⑥

050

- 电话 전화   座机 (유선) 전화기   手机 휴대전화   传真 팩스
  diànhuà   zuòjī   shǒujī   chuánzhēn

- 电脑 컴퓨터   电子邮件 전자우편   伊妹儿 이메일
  diànnǎo   diànzǐ yóujiàn   yīmèir

- 号码 번호
  hàomǎ

- 是 ～이다
  shì

■ 숫자 '1'을 읽는 두 가지 방법

숫자 '1'의 발음은 'yī'입니다. 그런데 전화, 버스, 방 번호 등에서 숫자 '1'이 등장할 때에는 'yāo'
라고 읽기도 합니다. 이는 '1 yī'와 '7 qī'의 발음이 비슷해서 혼동할 수 있기 때문입니다.

- 13830712881   yāo sān bā sān líng qī yāo èr bā bā yāo

■ '是'는 '~이다'

'是'는 '~이다'의 뜻으로 가장 기본적인 용법은 <mark>주어 + 是 + 명사</mark>'입니다.

- 这是电脑。　　　　　　　이것은 컴퓨터이다.
  Zhè shì diànnǎo.

- 今天是星期二。　　　　　오늘은 화요일이다.
  Jīntiān shì xīngqī'èr.

- 电话号码是58208275。　　전화번호는 58208275입니다.
  Diànhuà hàomǎ shì wǔ bā èr líng bā èr qī wǔ.

- 手机号码是13352648917。　휴대전화 번호는 13352648917입니다.
  Shǒujī hàomǎ shì yāo sān sān wǔ èr liù sì bā jiǔ yāo qī.

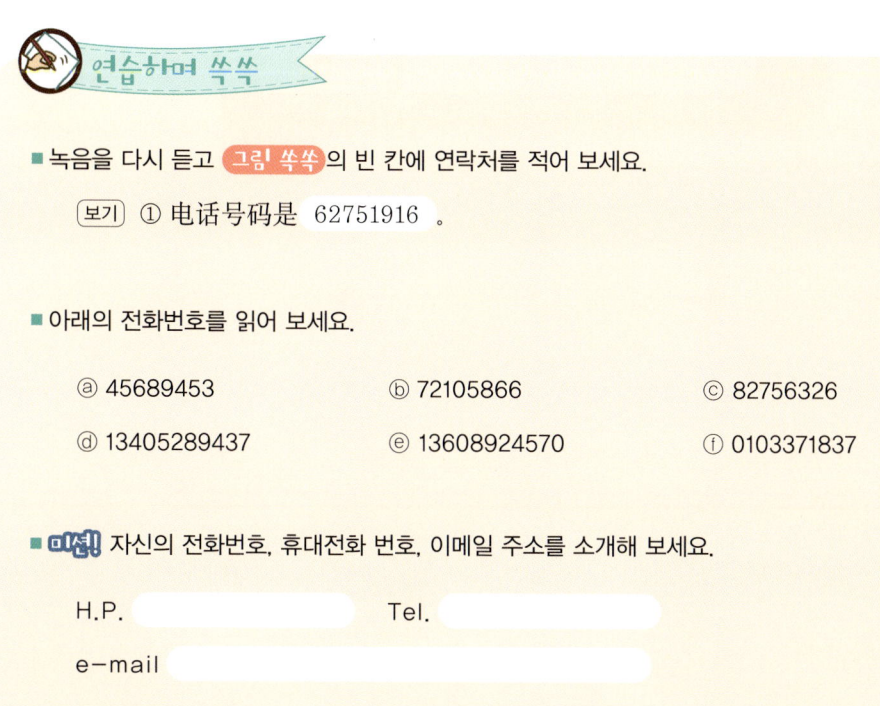

연습하며 쓱쓱

■ 녹음을 다시 듣고 그림 쏙쏙 의 빈 칸에 연락처를 적어 보세요.

보기 ① 电话号码是 62751916 。

■ 아래의 전화번호를 읽어 보세요.

ⓐ 45689453　　　　ⓑ 72105866　　　　ⓒ 82756326
ⓓ 13405289437　　　ⓔ 13608924570　　　ⓕ 0103371837

■ 미션! 자신의 전화번호, 휴대전화 번호, 이메일 주소를 소개해 보세요.

H.P. _____　　　Tel. _____

e-mail _____

■ 다음 전화번호부를 듣고 말해 봅시다.

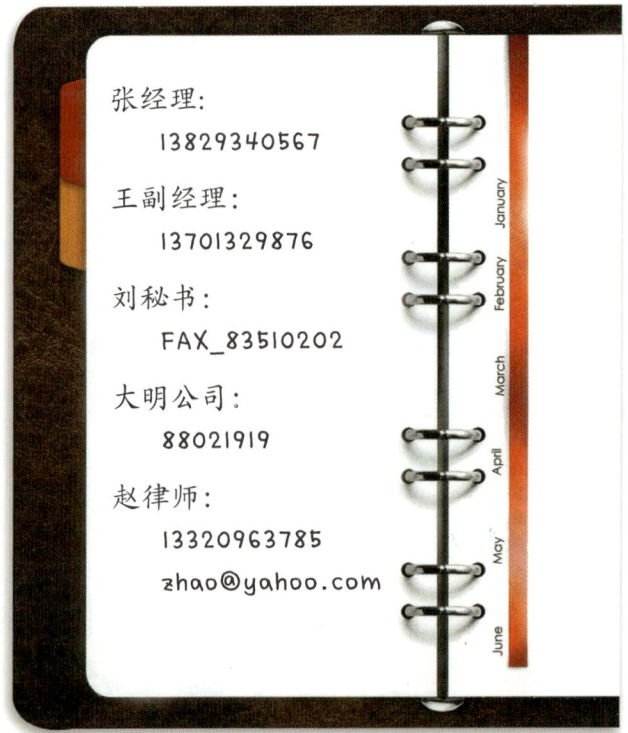

张经理:
　　13829340567

王副经理:
　　13701329876

刘秘书:
　　FAX_83510202

大明公司:
　　88021919

赵律师:
　　13320963785
　　zhao@yahoo.com

- 张 장 (성씨)　　王 왕 (성씨)　　刘 유 (성씨)　　赵 조 (성씨)
  Zhāng　　　　Wáng　　　　Liú　　　　Zhào

- 经理 사장　　副 부　　秘书 비서　　律师 변호사
  jīnglǐ　　　　fù　　　　mìshū　　　　lùshī

- 大明公司 따밍 회사
  Dàmíng gōngsī

- 的 ～의
  de

■ '的①'는 소유격 표현

'的'는 '~의'라는 의미를 나타내는 '소유'의 표현입니다. '명사(소유의 주체) + 的 + 명사'의
형태로 사용합니다.

· 我的帽子　　　　　　　　나의 모자
　wǒ de màozi

· 大明公司的传真号码　　　따밍 회사의 팩스 번호
　Dàmíng gōngsī de chuánzhēn hàomǎ

· 赵律师的手机号码　　　　조 변호사의 휴대전화 번호
　Zhào lǜshī de shǒujī hàomǎ

■ 업무 관계에서의 호칭

'성씨 + 직책(직업)'의 형식으로 호칭을 사용합니다.

· 赵律师　　조 변호사　　　　· 张经理　　장 사장님
　Zhào lǜshī　　　　　　　　　 Zhāng jīnglǐ

■ 아래 어휘의 순서를 바로잡아 한 문장으로 완성해 보세요.

　ⓐ 这是传真号码的公司。　　　→ ＿＿＿＿＿＿＿＿＿

　ⓑ 这是手机号码的刘副经理。　→ ＿＿＿＿＿＿＿＿＿

　ⓒ 她是秘书的王经理。　　　　→ ＿＿＿＿＿＿＿＿＿

■ 미션! 자신의 전화번호부의 연락처 정보를 적고 소개해 보세요.

> 보기　张经理的手机号码是13829340567。

ⓐ ＿＿＿＿＿ 的 ＿＿＿＿＿ 是 ＿＿＿＿＿。

ⓑ ＿＿＿＿＿ 的 ＿＿＿＿＿ 是 ＿＿＿＿＿。

ⓒ ＿＿＿＿＿ 的 ＿＿＿＿＿ 是 ＿＿＿＿＿。

step 03 练一练

국제 회의장에서 🎧 053

赵经理 您是张先生吗？
Nín shì Zhāng xiānsheng ma?

张先生 我是。您是……？
Wǒ shì. Nín shì……?

赵经理 我是大明公司的赵经理。
Wǒ shì Dàmíng gōngsī de Zhào jīnglǐ.

张先生 赵经理，您好！这是我的名片。
Zhào jīnglǐ, nín hǎo! Zhè shì wǒ de míngpiàn.

赵经理 谢谢！
Xièxie!

> 张杰
> ⓦ HP : 13320963785
> e-mail : yu@hotmail.com

■ 사무실로 걸려 온 한 통의 전화 🎧 054

张律师 刘秘书，我找王经理。
Liú mìshū, wǒ zhǎo Wáng jīnglǐ.

刘秘书 他不在，您可以给他打电话，可以发伊妹儿。
Tā bú zài, nín kěyǐ gěi tā dǎ diànhuà, kěyǐ fā yīmèir.

张律师 王经理的手机号码是多少？
Wáng jīnglǐ de shǒujī hàomǎ shì duōshao?

刘秘书 他的手机号码是13901327688。
Tā de shǒujī hàomǎ shì yāo sān jiǔ líng yāo sān èr qī liù bā bā.

张律师 谢谢！
Xièxie!

刘秘书 不客气！
Búkèqi!

| 03 这是我的名片。

- 先生 미스터, 선생님 (남성을 부르는 호칭)　　　名片 명함
  xiānsheng　　　　　　　　　　　　　　　　míngpiàn

- 好 좋다, 안녕하다　　找 찾다　　在 있다　　可以 할 수 있다
  hǎo　　　　　　　zhǎo　　　zài　　　kěyǐ

- 打电话 전화를 걸다　　发伊妹儿 이메일을 보내다
  dǎ diànhuà　　　　　fā yīmèir

- 谢谢 감사합니다　　不客气 천만에요
  xièxie　　　　　　búkèqi

- 吗 ~까? (의문)　　不 아니다 (부정)
  ma　　　　　　　bù

■ '不' 부정문

중국어의 부정문은 동사나 형용사 앞에 '不'를 사용하여 '**不 + 동사 · 형용사**'로 표현합니다.

- 不吃饭　　밥을 안 먹는다　　　　・不睡觉　　잠을 안 잔다
  bù chīfàn　　　　　　　　　　bú shuìjiào

〈발음편〉에서 배운 '不'의 성조 변화를 참고하세요.

- 不好　　좋지 않다　　　　　　　・不漂亮　　예쁘지 않다
  bù hǎo　　　　　　　　　　　bú piàoliang

＊漂亮 piàoliang 예쁘다

■ '吗' 의문문

중국어의 의문문은 평서문 끝에 '吗'를 넣어 '**평서문 + 吗？**'로 표현합니다. 대답을 할 때에는 평서문의 동사만을 사용해 대답할 수 있습니다.

평서문	'吗' 의문문	긍정	부정
这是我的帽子。 Zhè shì wǒ de màozi.	这是你的帽子吗？ Zhè shì nǐ de màozi ma?	是。 Shì.	不是。 Bú shì.
我买可乐。 Wǒ mǎi kělè.	你买可乐吗？ Nǐ mǎi kělè ma?	买。 Mǎi.	不买。 Bù mǎi.

■ '可以'는 허가

'可以'는 '~해도 된다'는 허가의 의미로 '可以 + 동사'의 형태로 사용합니다.
다른 사람의 의견이나 허가를 구할 때는 '~해도 됩니까?'라는 뜻으로 '可以 + 동사 + 吗?'를 사용합니다.

- 你可以下班。　　　　　　당신은 퇴근해도 됩니다.
  Nǐ kěyǐ xiàbān.

- 我可以看电视吗?　　　　　텔레비전을 봐도 되나요?
  Wǒ kěyǐ kàn diànshì ma?

■ '给②'는 '~에게'

'给'는 '~에게'라는 의미로 '给 + 사람 + 동사' 형태로 사용합니다.

- 我给张经理打电话。　　　나는 장 사장에게 전화를 겁니다.
  Wǒ gěi Zhāng jīnglǐ dǎ diànhuà.

- 我给您十块。　　　　　　당신에게 10원을 드리겠습니다.
  Wǒ gěi nín shí kuài.

> 1과에서는 '(~에게 ~을) 주다'
> 는 의미의 '给'를 배웠습니다.

■ 의문사 '多少'

'多少'는 '얼마, 몇'이라는 의미의 의문사입니다. 주로 10 이상의 수량을 물을 때 사용하지만 전화번호를 물을 때에도 사용합니다.

- 一共多少钱?　　　　　　모두 얼마입니까?
  Yígòng duōshao qián?

- 你的手机号码是多少?　　너의 휴대전화 번호는 몇 번이니?
  Nǐ de shǒujī hàomǎ shì duōshao?

도전 BCT

1 녹음을 잘 듣고 빈 칸에 전화번호를 적어 보세요. 🎧 056

① _____ ② _____ ③ _____ ④ _____

2 녹음을 잘 듣고 빠져 있는 정보를 적어 보세요. 🎧 057

张华是大明公司的 _____, 他的手机号码是 _____, 他的伊妹

儿是 _____, 你可以给他 _____, 可以给他 _____。

3 '吗'를 사용해서 의문문을 만들어 보세요.

① Q : _____ A : 他是张经理。

② Q : _____ A : 您可以给我打电话。

③ Q : _____ A : 我要可乐。

④ Q : _____ A : 我学习汉语。

4 주어진 단어들을 한 문장이 되도록 알맞게 배열해 보세요.

① 可以　　星期三　　汉语　　吗　　学习　　你　　？

你 _____

② 发　　他　　我　　给　　电子邮件　　。

我 _____

③ 你　　经理　　电话　　张　　打　　给　　。

你 _____

④ 的　　是　　我　　这　　名片　　不　　。

这 _____

5 다음 글을 읽고 해석해 보세요.

王经理的手机号码是13901327688，他的伊妹儿是wang@hotmail.com。你可以给他打电话，可以给他发伊妹儿。

_____

_____

6 미션! 보기 를 참고해 자신의 명함을 만들어 보세요. 그리고 명함을 교환하며 대화해 보세요.

보기

大明公司

赵 大 明　经理

电话 57098758　　手机　　13407886615
传真 57098788　　电子邮件 li@hotmail.com

A : 你的手机号码是多少？

B : _____。

这是我的名片。

A : 谢谢。

我的名片

 058

宿舍
sùshè

办公室
bàngōngshì

家
jiā

饭店
fàndiàn

职员
zhíyuán

科长
kēzhǎng

部长
bùzhǎng

经理
jīnglǐ

总经理
zǒngjīnglǐ

先生
xiānsheng

小姐
xiǎojie

女士
nǚshì

雅虎
Yǎhǔ

搜狐
Sōuhú

新浪
Xīnlàng

百度
Bǎidù

문화산책

Q 사무실이 518호인데 중국 손님이 좋은 번호라고 합니다. 왜 일까요?

A '518'의 중국어 발음은 [wǔ yāo bā]로, '나는 부자가 될 것이다, 나는 성공할 것이다'라는 의미의 '我要发。Wǒ yào fā.'와 발음이 유사하기 때문에 길한 숫자로 여깁니다.

▶ 중국 사람들이 좋아하는 행운의 숫자를 알아봅시다.

6 '6 liù'는 '물 흐르듯 순조롭다'는 의미의 '流 liú'와 중국어 발음이 유사하여서 모든 일이 순조롭게 잘 풀리는 행운을 가져다준다고 생각합니다.

8 '8 bā'는 '부자가 되다, 발전하다'는 의미의 '发财 fācái, 发展 fāzhǎn'의 '发'와 발음이 유사합니다. 그래서 각종 개업식이나 기념행사 등을 8과 관련된 일시에 맞추어 여는 경우가 종종 있습니다. 베이징올림픽을 2008년 8월 8일 저녁 8시에 개최한 이유를 아시겠죠?

9 '9 jiǔ'는 '영원히, 오래도록'의 의미인 '久 jiǔ'와 발음이 유사하기 때문에 영원히 변치 말자는 의미로 많이 사용합니다.

我父亲是银行职员。

제 아버지는 은행원이십니다.

이번 단원을 배우면!
· 가족 구성원에 대한 호칭을 이해할 수 있다.
· 나이를 말할 수 있다.
· 가족 구성원을 소개할 수 있다.

■ 가족 관계도를 보며 반복해서 들어 봅시다.

059

① 他是我丈夫。

②

③ ④ ⑤ ⑥

⑦

⑧

060

- 父亲 아버지   母亲 어머니   儿子 아들   女儿 딸
  fùqīn   mǔqīn   érzi   nǚ'ér

- 丈夫 남편   妻子 부인
  zhàngfu   qīzi

- 哥哥 형, 오빠   姐姐 누나, 언니   弟弟 남동생   妹妹 여동생
  gēge   jiějie   dìdi   mèimei

- 家 가족   岁 살, 세 (나이를 세는 단위)
  jiā   suì

- 有 있다   没有 없다
  yǒu   méiyǒu

핵심 콕콕

■ '我父亲'과 '我的父亲'

'你, 我, 他, 她'의 뒤에 친족의 호칭이 올 때에는 '的'를 쓰지 않고, 바로 **'인칭대사 + 친족 관계'** 로 표현합니다.

- 我父亲   나의 아버지   - 他姐姐   그의 누나
  wǒ fùqīn   tā jiějie

■ 나이 표현하기

'주어 + 숫자 + 岁'. 명사술어문으로서 술어부분이 나이를 표현할 때에는 '是'를 쓰지 않습니다.

- 我二十岁。   나는 20세입니다.   - 我弟弟三十岁。   내 동생은 30세이다.
  Wǒ èrshí suì.   Wǒ dìdi sānshí suì.

■ '有'구문

'~이 있다'라는 의미로 사용하는 '有'구문은 **'有 + 명사'**의 형태로 사용합니다. 의문형은 평서문에 '吗?'를 더한 **'有 + 명사 + 吗?'** 형태입니다. 부정형은 '不'를 사용하지 않고 **'没有 + 명사'** 형태라는 것에 주의해야 합니다.

- 你有哥哥吗？   너는 형이 있니? (의문)
  Nǐ yǒu gēge ma?

- 我有一个哥哥。   나는 형이 한 명 있다. (긍정)
  Wǒ yǒu yí ge gēge.

- 我没有哥哥。   나는 형이 없나. (부정)
  Wǒ méiyǒu gēge.

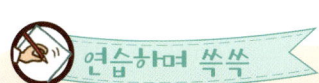
연습하며 쑥쑥

■ 그림 쑥쑥의 빈 칸에 알맞은 가족 관계를 적어 보세요.

[보기] ① 他是我丈夫。

■ 미션! '有'구문을 이용해 가족 관계를 서로 묻고 답해 보세요.

[보기] Q：你有 姐姐 吗？   A： 有, 我有一个姐姐 。(긍정)

          没有 。(부정)

■ 가족 소개를 잘 듣고 사진 속 가족을 소개해 봅시다.

我家有五口人，父亲、母亲、两个姐姐和我。
Wǒ jiā yǒu wǔ kǒu rén、fùqīn、mǔqīn、liǎng ge jiějie hé wǒ.

父亲今年58岁，是银行职员。
Fùqīn jīnnián wǔshíbā suì, shì yínháng zhíyuán.

母亲53岁，没有工作。
Mǔqīn wǔshísān suì, méiyǒu gōngzuò.

大姐35岁，是医生。
Dàjiě sānshíwǔ suì, shì yīshēng.

二姐30岁，是律师。
Èrjiě sānshí suì, shì lǜshī.

我今年27岁，在公司工作。
Wǒ jīnnián èrshíqī suì, zài gōngsī gōngzuò.

- 口 사람, 식구 (양사)
  kǒu
  人 사람
  rén

- 银行 은행
  yínháng
  公司 회사
  gōngsī
  工作 일
  gōngzuò

- 职员 직원
  zhíyuán
  医生 의사
  yīshēng
  老师 선생님
  lǎoshī

- 大 크다
  dà

- 和 ~와
  hé

■ 양사 '口'는 식구를 세는 단위

사람을 세는 양사는 '个'이지만 식구 수를 셀 때에는 '口'를 사용합니다. 함께 밥을 먹는 행위를 중요시하는 문화의 영향 때문입니다.

- 我家有三口人。 　　우리 집은 세 식구이다.
  Wǒ jiā yǒu sān kǒu rén.

■ 동사 '在'와 개사 '在'

> 개사는 영어의 전치사와 용법이 유사합니다.

'在'가 동사로 쓰이면 '~에 있다'의 의미로 **在 + 장소**의 형태로 사용합니다.
'在'가 개사로 쓰이면 '~에서'의 의미로 **在 + 장소 + 동사**의 형태로 사용합니다.

- 他在家。 　그는 집에 있다.
  Tā zài jiā.
- 他在公司工作。 　　그는 회사에서 일한다.
  Tā zài gōngsī gōngzuò.

■ '和'는 '~와'

접속사 '和'는 명사와 명사를 연결할 때 사용합니다. 동사와 동사 사이, 형용사와 형용사 사이를 연결할 때에는 사용하지 않습니다.

- 我和他 　　나와 그 사람
  wǒ hé tā
- 父亲、母亲和弟弟 　아버지, 어머니, 그리고 남동생
  fùqīn、mǔqīn hé dìdi

■ '大姐'와 '二姐'

'大, 二, 三…'을 사용하여 형제자매의 순서를 표현할 수 있습니다.

- 大哥，大姐，大弟 　　큰 오빠(형), 큰 언니(누나), 큰 남동생
  dàgē、dàjiě、dàdì
- 二哥，二姐，二弟 　　둘째 오빠(형), 둘째 언니(누나), 둘째 남동생
  èrgē、èrjiě、èrdì

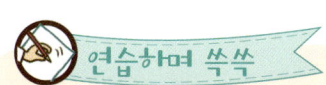

■ **미션!** 자신의 가족을 소개해 보세요.

[보기] 我家有四口人，父亲、母亲、哥哥和我。……
Wǒ jiā yǒu sì kǒu rén，fùqīn、mǔqīn、gēge hé wǒ.

■ 상대의 가족관계 묻기 063

小张　你家有几口人？
　　　Nǐ jiā yǒu jǐ kǒu rén?

李先生　四口人，妻子、儿子、女儿和我。
　　　　Sì kǒu rén, qīzi、érzi、nǚ'ér hé wǒ.

小张　这是什么？　是全家福吗？
　　　Zhè shì shénme?　Shì quánjiāfú ma?

李先生　是的。
　　　　Shì de.

小张　真是幸福的一家人。
　　　Zhēn shì xìngfú de yì jiā rén.

064

- 什么 무엇
  shénme

- 真 진짜, 정말　　幸福 행복하다
  zhēn　　　　　　xìngfú

- 全家福 가족사진　家人 가족, 집안 식구
  quánjiāfú　　　　jiārén

- 是的 맞다, 그렇다
  shì de

■ 간단한 인적사항 묻기  065

小刘 这个人是谁？
      Zhè ge rén shì shéi?

小王 他是我弟弟。
      Tā shì wǒ dìdi.

小刘 他今年多大？
      Tā jīnnián duōdà?

小王 27岁。
      Èrshíqī suì.

小刘 真年轻！ 在哪儿工作？
      Zhēn niánqīng! Zài nǎr gōngzuò?

小王 在公司工作。
      Zài gōngsī gōngzuò.

小刘 做什么工作？
      Zuò shénme gōngzuò.

小王 会计。你呢？
      Kuàijì.   Nǐ ne?

小刘 我也在公司工作，是秘书。
      Wǒ yě zài gōngsī gōngzuò, shì mìshū.

● 谁 누구   多大 얼마   哪儿 어디   呢 ～는?
  shéi   duōdà   nǎr   ne

● 也 ～도
  yě

● 年轻 젊다   做 하다
  niánqīng   zuò

● 会计 회계사
  kuàijì

핵심 콕콕

■ '的②'는 관형격 표현

'的'는 수식 관계를 나타내며 '**형용사 + 的 + 명사**'의 형태로 사용합니다.

- 年轻的弟弟   어린 남동생
  niánqīng de dìdi

- 幸福的一家人   행복한 한 가족
  xìngfú de yì jiārén

- 我的名片   나의 명함
  wǒ de míngpiàn

> 3단원에서 배운 '的'의 용법은 소유격의 표현입니다.

■ '呢' 의문문

'呢'는 평서문 뒤에서 의문의 어기를 나타냅니다. 주로 'A……, B呢?'의 형태로 사용되며 우리 말의 '~는요?'에 해당합니다.

- 我买牛奶，你呢？   난 우유 살래. 너는?
  Wǒ mǎi niúnǎi, nǐ ne?   (＝我买牛奶，你买什么？)

- 他在银行工作，他弟弟呢？   그는 은행에서 일해. 그의 남동생은?
  Tā zài yínháng gōngzuò, tā dìdi ne?   (＝他在银行工作，他弟弟在哪儿工作？)

■ '也'는 '또한'

부사 '也'는 '~도 또한, 역시'의 의미입니다. 주로 A의 어떤 상황을 설명한 후에 B의 상황도 역시 A와 비슷할 때 사용합니다. 'A……, B也……'.

- 这顶帽子二十块，这件T恤也二十块。
  Zhè dǐng màozi èrshí kuài, zhè jiàn T xù yě èrshí kuài.
  이 모자는 20위안이고, 이 티셔츠도 20위안이다.

- 今天学习汉语，明天也学习汉语。
  Jīntiān xuéxí Hànyǔ, míngtiān yě xuéxí Hànyǔ.
  오늘 중국어를 공부하고, 내일도 중국어를 공부한다.

도전 BCT

1 녹음을 잘 듣고 빈 칸을 채워 보세요. 🎧 067

① 我家有 _____ , _____ 、儿子和我。

② 父亲在医院 _____ ，母亲是 _____ 职员。

③ 大哥今年 _____ ，二哥40岁，我 _____ 。

*医院 yīyuàn 병원

2 녹음을 잘 듣고 맞으면 ○, 틀리면 ×를 표시해 보세요. 🎧 068

① 女人有两个弟弟，男人也有两个弟弟。 (　　)

② 女人的大弟17岁。 (　　)

③ 男人的二弟15岁。 (　　)

*女人 nǚrén 여자 | 男人 nánrén 남자

3 주어진 단어들을 한 문장이 되도록 알맞게 배열해 보세요.

① 人　　四　　家　　有　　我　　口　　。

_____

② 公司　　他　　工作　　在　　。

_____

③ 没有　　姐　　工作　　大　　。

_____

④ 买　　可乐　　和　　我　　一个　　一瓶　　三明治　　。

_____

4 보기 를 따라서 문장을 완성해 보세요.

> 보기 他是老师，我<u>也是老师</u>。

① 我星期二上班，他_____。

② 张华是律师，她_____。

③ 他买一件衣服，我_____。

④ 她有妹妹，我_____。

5 '什么, 谁, 哪儿, 多大, 几'를 사용하여 밑줄 친 부분에 대한 질문을 만들어 보세요.

① Q : _____   A : 他给我<u>一瓶</u>可乐。

② Q : _____   A : 他姐姐<u>29岁</u>。

③ Q : _____   A : 她是<u>老师</u>。

④ Q : _____   A : 小刘在<u>公司</u>工作。

⑤ Q : _____   A : <u>张华</u>是经理。

⑥ Q : _____   A : 我家有<u>三口</u>人。

6 미션! 상대방의 가족에 대해 묻고 답해 보세요.

> 보기
>
> Q : 你家有几口人？
> Nǐ jiā yǒu jǐ kǒu rén?
>
> A : 四口人，妻子、儿子、女儿和我。
> Sì kǒu rén, qīzi、érzi、nǚ'ér hé wǒ.

보충 단어

069

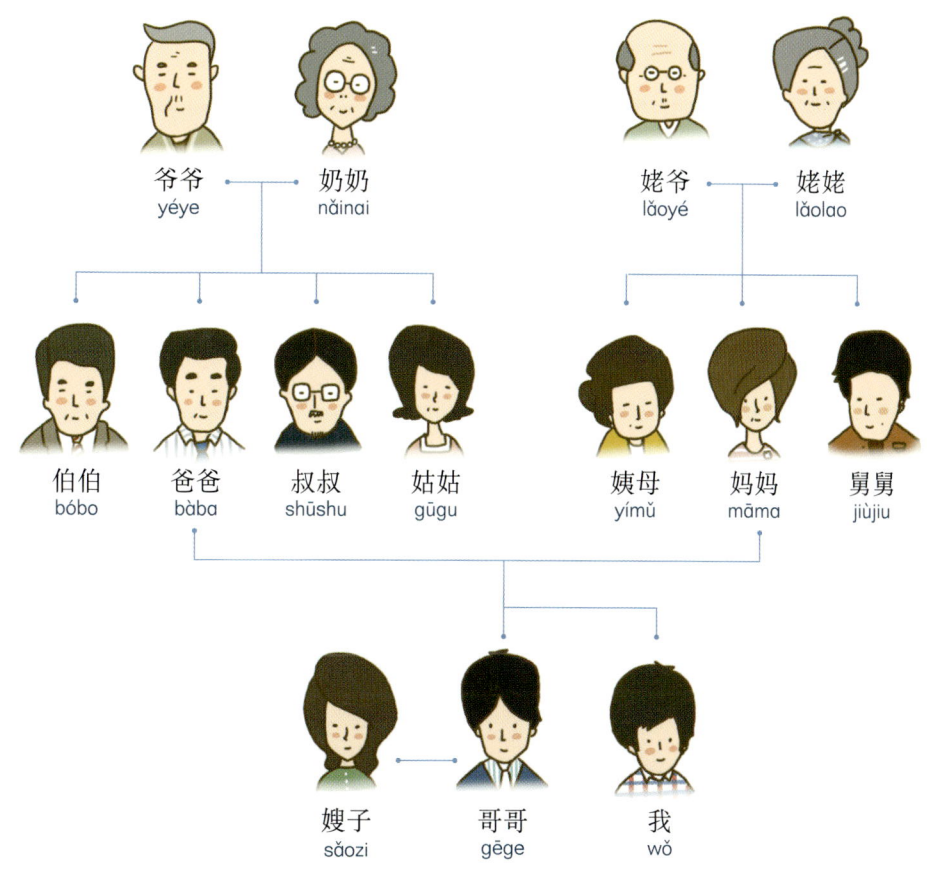

① 爸爸的爸爸是　　　　　　② 爸爸的妈妈是

③ 妈妈的爸爸是　　　　　　④ 妈妈的妈妈是

⑤ 爸爸的哥哥是　　　　　　⑥ 爸爸的弟弟是

⑦ 爸爸的姐姐和妹妹是　　　⑧ 妈妈的哥哥和弟弟是

⑨ 妈妈的姐姐和妹妹是　　　⑩ 哥哥的妻子是

문화산책

Q 중국에서도 '띠'로 나이를 알 수 있나요?

A 중국에서도 12가지 동물 띠로 태어난 해를 표현합니다.

▶ 다음 보기처럼 상대방의 띠를 묻고 답해 보세요.

> 보기 Q : 你属什么?　　　 당신은 무슨 띠입니까?
> 　　　Nǐ shǔ shénme?
>
> 　　　A : 我属牛。　　　　 저는 소띠입니다.
> 　　　Wǒ shǔ niú.

*属 shǔ 속하다, ~띠이다

鼠
shǔ

牛
niú

虎
hǔ

兔
tù

龙
lóng

蛇
shé

马
mǎ

羊
yáng

猴
hóu

鸡
jī

狗
gǒu

猪
zhū

来一个麻婆豆腐。

마파두부 하나 주세요.

이번 단원을 배우면!
- 대표적인 중국 요리를 소개할 수 있다.
- 음식의 맛을 표현할 수 있다.
- 중국어로 음식을 주문하고 결제할 수 있다.

■ 다양한 음식의 명칭을 반복해서 들어 봅시다.

071

① 四瓶啤酒　　② 　　③ 　　④

⑤ 　　⑥ 　　⑦ 　　⑧

⑨ 　　⑩ 　　⑪

| 杯 잔
bēi | 壶 주전자
hú | 听 캔
tīng | 盘 그릇
pán |
| 只 마리
zhī | 斤 근
jīn | 碗 (밥)그릇
wǎn | |

072

| 喝 마시다
hē | 饮料 음료
yǐnliào | 啤酒 맥주
píjiǔ | 果汁 주스
guǒzhī |
| 茶 차
chá | 雪碧 사이다
xuěbì | | |

| 吃 먹다
chī | 菜 요리
cài | 烤鸭 오리구이
kǎoyā | 麻婆豆腐 마파두부
mápódòufu |
| 宫保鸡丁 닭고기땅콩볶음
gōngbǎojīdīng | | 西红柿炒鸡蛋 토마토계란볶음
xīhóngshì chǎo jīdàn | |

| 主食 주식
zhǔshí | 饺子 만두
jiǎozi | 米饭 쌀밥
mǐfàn | 面条 면, 국수
miàntiáo |

■ '一斤'은 '500g'

중국은 고기 외에 야채, 과일, 만두 등의 물건도 '斤'으로 사고팝니다. 또한 물건의 종류에 관계 없이 한 근은 500g으로 동일 규격입니다.

- 一斤饺子　　만두 한 근
  yì jīn jiǎozi

- 三斤西红柿　　토마토 세 근
  sān jīn xīhóngshì

■ '半'은 '반'

1과에서 '숫자+양사+명사'로 물건을 세는 표현을 배웠습니다. '半'도 '반'이라는 수량의 의미로 '半 + 양사 + 명사'로 표현할 수 있습니다. 또한 우리가 '한 개 반'이라고 표현하는 것처럼 중국 어도 '숫자 + 양사 + 半 + 명사'의 방식으로 표현합니다.

- 半只烤鸭　　오리구이 반 마리
  bàn zhī kǎoyā

- 两只半烤鸭　　오리구이 두 마리 반
  liǎng zhī bàn kǎoyā

■ '吃'와 '喝'

'음식을 먹는다'는 표현은 '吃 + 요리' 형태로 사용하고, '음료를 마신다'는 표현은 '喝 + 음료'의 형태로 표현합니다.

- 吃一碗米饭　밥 한 공기를 먹다
  chī yì wǎn mǐfàn

- 喝一杯茶　　차 한 잔을 마시다
  hē yì bēi chá

■ 녹음을 다시 듣고 그림 쏙쏙 의 빈 칸을 채워 보세요.

보기　　① 五瓶啤酒

■ '半'을 사용하여 아래 그림의 수량을 표현해 보세요.

ⓐ ＿＿＿＿＿　　ⓑ ＿＿＿＿＿　　ⓒ ＿＿＿＿＿

■ 식당에서 쓰이는 표현을 잘 듣고 말해 봅시다.

073

① 请坐吧！

②

③

④

⑤ 250g

⑥

⑦

⑧

⑨

074

- 请 ～하세요　　吧 ～하세요
  qǐng　　　　　　ba

- 坐 앉다　　　点菜 음식을 주문하다　　等 기다리다
  zuò　　　　　diǎncài　　　　　　　　děng

  来 오다, ～을 하다 (의미가 구체적인 동사를 대신해서 쓰임)
  lái

- 辣 맵다　　　酸 시다　　　甜 달다
  là　　　　　suān　　　　　tián

- 很 매우
  hěn

■ (请)……吧①

'동사 + 吧'는 비교적 공손한 요청의 표현으로 '~하세요'의 의미입니다. 동사 앞에 '请'을 사용하면 더욱 정중한 표현이 됩니다.

- 吃吧!　　드세요!
  Chī ba!

- 请吃吧!　　드십시오!
  Qǐng chī ba!

■ 음식 주문하기

'来 + 음식이름'. '来'는 원래 '오다'라는 뜻이지만 여기서는 '음식을 주세요'라는 의미입니다.

- 来一盘麻婆豆腐。　　마파두부 한 그릇 주세요.
  Lái yì pán mápódòufu.

■ 很

'很 + 형용사'는 '매우 ~하다'는 강조 용법입니다. 그러나 강조의 뜻 없이 습관적으로 사용하는 경우도 빈번합니다.

- 很辣　　(매우) 맵다
  hěn là

- 很年轻　　매우 젊다
  hěn niánqīng

■ 녹음을 다시 듣고 [그림 쑥쑥]의 빈 칸을 채워 보세요.

[보기]　　① 请坐吧!

■ [미션!] 매운 음식, 단 음식, 신 음식을 찾아 적어 보세요.

ⓐ 辣: ＿＿＿＿＿＿ , ＿＿＿＿＿＿ , ＿＿＿＿＿＿

ⓑ 甜: ＿＿＿＿＿＿ , ＿＿＿＿＿＿ , ＿＿＿＿＿＿

ⓒ 酸: ＿＿＿＿＿＿ , ＿＿＿＿＿＿ , ＿＿＿＿＿＿

■ **자리 안내받기**  075

服务员　先生，您几位？
Xiānsheng, nín jǐ wèi?

客人A　两位。
Liǎng wèi.

服务员　里边请。请坐这儿吧！给您菜单。
Lǐbian qǐng.　Qǐng zuò zhèr ba!　Gěi nín càidān.

客人A　谢谢！
Xièxie!

■ **메뉴 고르기** 076

客人A　你想吃什么？
Nǐ xiǎng chī shénme?

客人B　我不知道菜的名字，有点儿辣，有豆腐……
Wǒ bù zhīdào cài de míngzi, yǒudiǎnr là, yǒu dòufu……

客人A　是麻婆豆腐吗？
Shì mápódòufu ma?

客人B　是麻婆豆腐。你吃什么？
Shì mápódòufu.　　Nǐ chī shénme?

客人A　我喜欢吃酸甜的菜。
Wǒ xǐhuan chī suāntiǎn de cài.

最喜欢的菜是西红柿炒鸡蛋。
Zuì xǐhuan de cài shì xīhóngshì chǎo jīdàn.

- 饭馆 음식점　　　　服务员 종업원　　　　客人 손님
  fànguǎn　　　　　fúwùyuán　　　　　kèrén

- 菜单 메뉴　　　　　名字 이름　　　　　豆腐 두부
  càidān　　　　　　míngzi　　　　　　dòufu

- 位 분
  wèi

- 里边 안쪽　　　　　这儿 여기
  lǐbian　　　　　　zhèr

- 想 ~하고 싶다　　知道 알다　　　　　喜欢 좋아하다
  xiǎng　　　　　　zhīdào　　　　　　xǐhuan

- 有点儿 조금, 약간　最 제일, 가장
  yǒudiǎnr　　　　　zuì

■ '位'는 '분'

'位'는 사람을 세는 존칭어입니다. '수사 + 位 + 직업 · 직무'의 형태로 사용합니다.

- 两位医生　　　의사 두 분
  liǎng wèi yīshēng

- 几位经理　　　사장님 몇 분
  jǐ wèi jīnglǐ

■ '有点儿'은 '조금, 약간'

'有点儿 + 형용사'는 정도가 심하지 않음을 나타내고, 일반적으로 부정적인 어감에 쓰입니다.

- 有点儿辣　　조금 맵다 (매운 것을 좋아하지 않음)
  yǒudiǎnr là

- 有点儿甜　　조금 달다 (단 것을 좋아하지 않음)
  yǒudiǎnr tián

■ '最'는 '제일'

'最 + 형용사'는 어떤 사물의 정도가 매우 높은 것으로, 우리말의 '제일 ~하다'와 같습니다.

- 他最年轻。　그가 제일 젊다.
  Tā zuì niánqīng.

- 这个菜最辣。　이 요리가 제일 맵다.
  Zhè ge cài zuì là.

■ 음식 주문하기 🎧 078

| 客人A | 服务员，点菜！ |
| | Fúwùyuán, diǎncài! |

| 客人B | 来一个麻婆豆腐，一个西红柿炒鸡蛋，两碗米饭。 |
| | Lái yí ge mápódòufu, yí ge xīhóngshì chǎo jīdàn, liǎng wǎn mǐfàn. |

| 客人A | 我们很饿，请快一点儿。 |
| | Wǒmen hěn è, qǐng kuài yìdiǎnr. |

| 服务员 | 好的。请稍等。 |
| | Hǎo de. Qǐng shāo děng. |

■ 계산하기 🎧 079

| 客人B | 吃饱了。结帐吧！ |
| | Chī bǎo le. Jiézhàng ba! |

| 客人A | 服务员，买单！ |
| | Fúwùyuán, mǎidān! |

| 服务员 | 一共二十五块。 |
| | Yígòng èrshíwǔ kuài. |

| 客人A | 给你钱，开一张发票。 |
| | Gěi nǐ qián, kāi yì zhāng fāpiào. |

단어
등장

080

| ● 张 장 (양사) | 发票 영수증 | |
| zhāng | fāpiào | |

| ● 结帐 계산하다 | 买单 계산하다, 계산서 | 开 (영수증 등을) 쓰다 |
| jiézhàng | mǎidān | kāi |

| ● 饿 배고프다 | 饱 배부르다 | 快 빠르다 |
| è | bǎo | kuài |

| ● 们 ～들 (복수) | 一点儿 조금 | 稍 잠시 | 了 ～하게 되다 |
| men | yìdiǎnr | shāo | le |

핵심
콕콕

■ 복수를 나타내는 '们'

'们'은 사람을 가리키는 말 뒤에서 복수의 의미를 나타냅니다. 단, 수량의 의미가 포함된 명사 뒤에는 '们'을 사용하지 않습니다.

- 我们 wǒmen 우리
- 你们 nǐmen 너희들
- 他们 tāmen 그들
- 三位经理们 (×) → 三位经理 sān wèi jīnglǐ (○) 사장님 세 분

■ 吧②

'동사 + 吧' 표현은 '~하자'라는 제안이나 권유의 의미입니다. 상대의 제안에 승낙할 때는 '好的'라고 답하면 됩니다.

- A : 我们学习汉语吧!   우리 중국어 공부하자!   B : 好的。   좋아.
  Wǒmen xuéxí Hànyǔ ba!   Hǎo de.

■ '一点儿'은 '조금'

'형용사 + 一点儿'은 완곡한 요구를 하기 위한 표현입니다.

형용사 + 一点儿	有点儿 + 형용사
· 快一点儿。 빨리 좀 해주세요. Kuài yìdiǎnr! · 辣一点儿。 좀 맵게 해주세요. Là yìdiǎnr!	· 有点儿快。 좀 빨라요. Yǒudiǎnr kuài. · 有点儿辣。 좀 매워요. Yǒudiǎnr là.
완곡한 요구	주로 부정적 어감

■ 了①

'형용사 + 了'는 상태의 변화를 나타냅니다.

- 饱了（不饱 → 饱）   배가 부르다
  bǎo le
- 饿了（不饿 → 饿）   배가 고프다
  è le

■ 吃饱

우리말과 다른 중국어의 독특한 결과보어 용법입니다. 동사 '吃' 뒤에 형용사보어 '饱'가 와서 '먹어서 배가 부르다, 배부르게 먹다'라는 결과를 나타냅니다.

- 看完了   다 보았다
  kàn wán le
- 找到了   찾아냈다
  zhǎo dào le

＊完 wán 완성하다, 마치다 ┃ 到 dào 도달하다

1 녹음을 잘 듣고 빈 칸을 채워 보세요. 🎧 081

① 我不喜欢吃 _____ 的菜。　　② 来两瓶 _____ ！

③ 他们要三 _____ 米饭。　　④ 您几 _____ ？

⑤ 请 _____ ！　　⑥ 开一 _____ 发票吧。

2 '个, 口, 位' 중 빈 칸에 들어갈 알맞은 양사를 써 보세요.

① 饭馆里边有十二(_____)人。

② 这(_____)先生是大明公司的副经理。

③ 我家有五(_____)人，父亲、母亲、两(_____)哥哥和我。

3 '请…吧'를 사용하여 말해 보세요.

① 　　　　　　② 　　　　　　③

A : _____　　A : _____　　A : _____

B : 谢谢！　　　　B : 来一只烤鸭。　　　　B : 好的。

4 '们'을 사용해서 아래의 단어를 복수로 바꿔 보세요.

① 他　→　_____　　② 人　→　_____

③ 律师　→　_____　　④ 哥哥　→　_____

⑤ 妹妹　→　_____　　⑥ 秘书　→　_____

5 올바른 것을 골라 보세요.

① 我有三个 (a. 妹妹　　b. 妹妹们)。

② 经理有两个 (a. 秘书　　b. 秘书们)。

③ 这个菜 (a. 有点儿　　b. 一点儿) 甜，我不想吃。

④ 请快 (a. 有点儿　　b. 一点儿) 吧!

6 주어진 단어들을 한 문장이 되도록 알맞게 배열해 보세요.

①	吃	斤	想	我	半	饺子	。

②	喜欢	姐姐	最	菜	的	是	宫保鸡丁	。

③	这儿	吧	请	坐	!

④	个	菜	很	辣	这	。

7 **미션!** 3명이 한 조가 되어서 식당에서의 회화를 꾸며 보세요.

> **미션내용**
>
> 식당 직원 : 친절하게 손님을 응대합니다. 음식 값을 정확히 계산합니다.
> 손님 A : 음식을 재촉합니다. 계산을 합니다.
> 손님 B : 매운 음식을 하나 이상 주문합니다. 영수증을 요구합니다.

보충 단어 082

猪肉
zhūròu

牛肉
niúròu

鸡肉
jīròu

鱼肉
yúròu

土豆
tǔdòu

西兰花
xīlánhuā

茄子
qiézi

豆角
dòujiǎo

葱头
cōngtóu

黄瓜
huángguā

白菜
báicài

萝卜
luóbo

烤鸭
kǎoyā

火锅
huǒguō

宫廷菜
gōngtíngcài

素菜
sùcài

문화산책

Q 베이징에서 가 볼 만한 맛집을 소개해 주세요.

A '全聚德 Quánjùdé'에 가 보세요. 중국에서 가장 유명한 북경오리 전문
점입니다. 세계 각국의 정상들도 베이징에 가면 한 번씩 맛볼 만큼 북경
오리는 브랜드화 되어 있습니다. 밀전병에 기름기 쫙 빠진 오리구이 한
점과 오이, 파 등을 넣고 돌돌 말아 춘장에 찍어 먹는 맛이 일품입니다.
또한 샤브샤브는 '东来顺 Dōngláishùn', 궁중요리는 '仿膳 Fǎngshàn',
채식요리은 '功德林 Gòngdélín'이 유명합니다.

我打的去公司。

저는 택시를 타고 회사에 갑니다.

이번 단원을 배우면!

· 자주 사용하는 교통수단을 소개할 수 있다.
· 교통수단의 장단점을 비교할 수 있다.

■ 자주 이용하는 교통수단을 반복해서 들어 봅시다.

083

① 公共汽车很便宜。　②　③

④　⑤

⑥　⑦　⑧

公共汽车 버스 gōnggòngqìchē	出租车 택시 chūzūchē	私家车 자가용 sījiāchē	地铁 지하철 dìtiě
自行车 자전거 zìxíngchē	摩托车 오토바이 mótuōchē	火车 기차 huǒchē	飞机 비행기 fēijī

084

辆 대
liàng

便宜 싸다 piányi	贵 비싸다 guì	方便 편리하다 fāngbiàn	麻烦 불편하다 máfan

慢 느리다
màn

■ 飞机很快。

'**정도부사 + 형용사**'. 중국어는 형용사 앞에 정도를 나타내는 부사를 사용합니다.

· 这个菜有点儿辣。　　이 요리는 조금 맵다.
　Zhè ge cài yǒudiǎnr là.

· 我很幸福。　　나는 행복하다.
　Wǒ hěn xìngfú.

> '很'은 '매우'라는 의미 없이, 습관적으로 사용하기도 합니다.

· 他真年轻。　　그는 정말 젊다.
　Tā zhēn niánqīng.

■ 辆

차량을 세는 단위는 '辆'입니다.

· 这辆出租车　　이 택시
　zhè liàng chūzūchē

· 一辆摩托车　　오토바이 한 대
　yí liàng mótuōchē

 연습하며 쓱쓱

■ 녹음을 다시 듣고 그림 쓱쓱 의 빈 칸을 채워 보세요.

보기　① 公共汽车很便宜。

■ 다음 형용사의 반대말을 적어 보세요.

ⓐ 早 ↔ [　　　]　　ⓑ 便宜 ↔ [　　　]　　ⓒ 老 ↔ [　　　]

ⓓ 麻烦 ↔ [　　　]　　ⓔ 快 ↔ [　　　]　　ⓕ 饱 ↔ [　　　]

*早 zǎo 이르다 | 老 lǎo 늙다

■ 적절한 정도부사와 형용사를 사용해서 문장을 만들어 보세요.

보기　飞机　很快。

ⓐ 自行车 [　　　]。　　ⓑ 爸爸 [　　　]。

ⓒ 地铁 [　　　]。　　ⓓ 出租车 [　　　]。

■ 다음 그림의 상황을 듣고 말해 봅시다.

085

① 他骑自行车去商店。　② 　③

④ 　⑤ 　⑥

- 骑 (자전거, 말 등을) 타다　坐 (교통수단을) 타다　开 운전하다　走路 길을 걷다
  qí　　zuò　　kāi　　zǒulù

  去 가다　回 돌다　回家 귀가하다
  qù　　huí　　huíjiā

- 商店 상점　机场 공항　中国 중국　上海 상하이
  shāngdiàn　jīchǎng　Zhōngguó　Shànghǎi

086

- 比 ~보다　多 많다　少 적다
  bǐ　　duō　　shǎo

■ 동사 + 동사

중국어는 두 개의 동사를 연달아서 사용할 수 있습니다. 앞의 동사는 '행위의 방식'을, 뒤의 동사는 '행위의 목적이나 결과'를 의미합니다.

- 开私家车去公司　　　　자가용을 몰고 회사에 가다　　　(동사 1 : 开 / 동사 2 : 去)
  kāi sījiāchē qù gōngsī

- 坐飞机来中国　　　　　비행기를 타고 중국에 오다　　　(동사 1 : 坐 / 동사 2 : 来)
  zuò fēijī lái Zhōngguó

■ '比' 비교문①

'比' 비교문의 기본 형식은 'A 比 B + 형용사'이며, 'A는 B보다 ~하다'는 의미입니다.

- 他比我年轻。　　　　　그는 나보다 젊다.
  Tā bǐ wǒ niánqīng.

- 坐飞机比坐火车快。　　비행기를 타는 것이 기차를 타는 것보다 빠르다.
  Zuò fēijī bǐ zuò huǒchē kuài.

 연습하며 쑥쑥

■ 녹음을 다시 듣고 그림 쑥쑥 의 빈 칸을 채워 보세요.

[보기]　① 他骑自行车去商店。

■ '比' 비교문과 반대말 형용사를 사용해서 아래 조건에 맞는 문장을 만들어 보세요.

> [보기]　一瓶可乐 3.5元 / 一瓶果汁 5元
> → 可乐比果汁便宜。

ⓐ 李经理 30岁 / 张经理 35岁
→ _____

ⓑ 飞机 1000km/h / 火车 200km/h
→ _____

ⓒ 饭馆A的客人 50人 / 饭馆B的客人 10人
→ _____

■ 회사 정문에서 087

小王　你每天怎么上班？
Nǐ měi tiān zěnme shàngbān?

小刘　我打的上班。你呢？
Wǒ dǎdī shàngbān. Nǐ ne?

小王　坐出租车太贵了，我骑自行车去公司。
Zuò chūzūchē tài guì le, wǒ qí zìxíngchē qù gōngsī.

小刘　不累吗？
Bú lèi ma?

小王　不累，又可以锻炼身体。
Bú lèi, yòu kěyǐ duànliàn shēntǐ.

088

● 打的 택시를 타다 dǎdī	锻炼 단련하다 duànliàn
● 累 피곤하다 lèi	

● 怎么 어떻게, 어째서 (의문)　　太 매우　　又 또
　zěnme　　　　　　　　　tài　　　　 yòu

● 身体 신체, 건강
　shēntǐ

■ 小王의 일기  089

真倒霉，我今天早上又迟到了！公司离我家很远，开车
Zhēn dǎoméi, wǒ jīntiān zǎoshang yòu chídào le! Gōngsī lí wǒ jiā hěn yuǎn,　kāichē

上班很方便，可是经常堵车；　打的太贵了；坐公共汽车和
shàngbān hěn fāngbiàn, kěshì jīngcháng dǔchē;　dǎdī tài guì le;　zuò gōnggòngqìchē hé

地铁的人太多了，很麻烦；骑自行车太累了。
dìtiě de rén tài duō le, hěn máfan;　qí zìxíngchē tài lèi le.

我应该怎么办？
Wǒ yīnggāi zěnme bàn?

090

- 倒霉　재수없다　　远　멀다
  dǎoméi　　　　　　　yuǎn

- 迟到　지각하다　　堵车　차가 막히다　　应该　〜해야 한다
  chídào　　　　　　dǔchē　　　　　　　yīnggāi

- 经常　자주
  jīngcháng

- 离　〜에서, 〜로부터
  lí

- 可是　그러나
  kěshì

- 怎么办　어떡해
  zěnme bàn

핵심
콕콕

■ '怎么' 의문문

'怎么 + 동사?'는 방법이나 원인 등을 물어볼 때 쓰입니다.

- 烤鸭怎么吃？　　오리구이는 어떻게 먹지? (방법)
  Kǎoyā zěnme chī?

- 你怎么迟到了？　너는 어째서 늦었어? (원인)
  Nǐ zěnme chídào le?

■ 太……了

'太 + 형용사 + 了'는 '너무 ~하다'는 뜻으로 정도가 매우 강함을 나타냅니다. 형용사가 중성
적이거나 부정적인 단어일 때에는 부정적인 의미를, 형용사가 긍정적인 단어일 때에는 긍정적
인 의미를 강조합니다.

- 我太幸福了！　　나는 너무 행복해! (긍정적 의미)
  Wǒ tài xìngfú le!

- 太累了！　　　　너무 피곤하다! (부정적 의미)
  Tài lèi le!

■ '又'는 '또한'

'又 + 동사 + 了'는 어떤 동작이 중복해서 일어날 때 사용하고, 일반적으로 불만족스러운 어투
로 사용합니다.

- 你又迟到了！　　　　　　　너 또 지각이구나!
  Nǐ yòu chídào le!

- 又堵车了！　　　　　　　　또 차가 밀리네!
  Yòu dǔchē le!

■ '离'는 거리의 기준점

'离'는 '~로부터, ~에서'라는 뜻으로, 두 장소 사이의 거리를 표현할 때 기준이 되는 장소를
나타냅니다. '목적지 + 离 + 출발지 + 거리' 형태로 쓰입니다.

- 机场离公司很远。　　　　　공항은 회사에서 멀다.
  Jīchǎng lí gōngsī hěn yuǎn.

- 商店离我家很近。　　　　　상점은 우리 집에서 가깝다.
  Shāngdiàn lí wǒ jiā hěn jìn.

＊近 jìn 가깝다

도전 BCT 🐶

1 녹음을 잘 듣고 빈 칸을 채워 보세요. 🎧 091

① 张经理开 ＿＿＿＿＿＿＿＿ 去公司。

② 我每天打的 ＿＿＿＿ 。

③ 坐飞机比坐火车 ＿＿＿ 。

④ ＿＿＿＿ 比公共汽车方便。

2 녹음을 잘 듣고 맞으면 ○, 틀리면 ×를 표시해 보세요. 🎧 092

① 我今天又迟到了。 （　　　）

② 我坐出租车上班。 （　　　）

③ 坐公共汽车的人很少。 （　　　）

④ 公共汽车不方便。 （　　　）

3 '太……了'를 사용해서 아래 그림의 의미를 표현해 보세요.

① ② ③

＿＿＿＿＿＿＿＿＿＿＿＿ ＿＿＿＿＿＿＿＿＿＿＿＿ ＿＿＿＿＿＿＿＿＿＿＿＿

4 '怎么'를 사용해서 밑줄 친 부분에 대한 질문을 만들어 보세요.

① 我坐地铁去公司。 → ＿＿＿＿＿＿＿＿＿＿＿＿＿

② 堵车了，他迟到了。 → ＿＿＿＿＿＿＿＿＿＿＿＿＿

③ 我很累，我想睡觉。 → ＿＿＿＿＿＿＿＿＿＿＿＿＿

보충 단어

坐车
zuò chē

坐船
zuò chuán

坐飞机
zuò fēijī

坐出租车
zuò chūzūchē

坐公共汽车
zuò gōnggòngqìchē

坐地铁
zuò dìtiě

坐火车
zuò huǒchē

坐直达特快列车
zuò zhídá tèkuài lièchē

坐快速列车
zuò kuàisù lièchē

骑自行车
qí zìxíngchē

骑摩托车
qí mótuōchē

骑马
qí mǎ

天气越来越热。

날씨가 갈수록 더워집니다.

이번 단원을 배우면!

• 계절과 날씨를 표현할 수 있다.
• 자신이 살고 있는 지역의 계절과 날씨를 소개할 수 있다.
• 자신이 좋아하는 계절과 이유를 소개할 수 있다.

■ 날씨와 기온을 반복해서 들어 봅시다.

① 晴天, 23度~30度   ②   ③   ④

⑤   ⑥   ⑦   ⑧

● 天气 날씨 tiānqì	晴天 맑은날 qíngtiān	阴天 흐린날 yīntiān
● 下雨 비가 내리다 xiàyǔ	下雪 눈이 내리다 xiàxuě	刮风 바람이 불다 guāfēng
● 少雾 안개가 옅다 shǎowù	多云 구름이 많다 duōyún	转 변하다 zhuǎn
● 气温 기온 qìwēn	度 도 dù	零下 영하 língxià
● 高 높다 gāo	低 낮다 dī	

**핵심
콕콕**

■ 大, 小, 多, 少

'大, 小, 多, 少'로 날씨를 다양하게 표현할 수 있습니다.

・下大雨 xià dàyǔ	비가 많이 내린다	・下小雨 xià xiǎoyǔ	비가 조금 내린다
・下大雪 xià dàxuě	눈이 많이 내린다	・下小雪 xià xiǎoxuě	눈이 조금 내린다
・刮大风 guā dàfēng	바람이 많이 분다	・刮小风 guā xiǎofēng	바람이 조금 분다
・多云 duōyún	구름이 많다	・少云 shǎoyún	구름이 적다
・多雾 duōwù	안개가 짙다	・少雾 shǎowù	안개가 옅다

■ 阴转小雨

'흐리다 비 약간'의 뜻으로 일기예보에서 많이 쓰이는 표현입니다.

・阴转大雨 yīn zhuǎn dàyǔ	흐리다가 비가 많이 온다
・多云转晴 duōyún zhuǎn qíng	구름이 많다가 점차 개다

 연습하며 쑥쑥

■ 녹음을 다시 듣고 그림쑥쑥 의 빈 칸에 날씨 정보를 적어 보세요.

보기 ① 今天是 晴天 ，最高气温 30度 ，最低气温 23度 。

■ 미션! 오늘의 날씨를 말해 보세요.

今天是 ⎯⎯⎯⎯⎯⎯⎯⎯⎯⎯ 。

그림
쏙쏙

096

■ 계절에 관한 내용을 잘 듣고 따라 읽어 봅시다.

① 从三月到五月 是春天。
很 暖和 ，有时候 刮风 ，
很少 下雨 。

② _____ 是夏天。
很 _____ ，经常 _____ 。

③ _____ 是秋天。
不 _____ 不 _____ ，
很 _____ ，很 _____ 。

④ _____ 是冬天。
很 _____ ，经常 _____ 。

단어
등장

● 季节 계절 jìjié	春天 봄 chūntiān	夏天 여름 xiàtiān	秋天 가을 qiūtiān
冬天 겨울 dōngtiān			

097

● 暖和 따뜻하다 nuǎnhuo	热 덥다 rè	冷 춥다 lěng	凉快 서늘하다 liángkuài
舒服 편안하다 shūfu	有时候 때때로 yǒushíhou	从 ~에서, ~부터 cóng	到 ~까지 dào

■ 从…到…

'从… 到…'는 우리말의 '~에서 ~까지'와 용법이 같습니다. 시간이나 기간, 거리 단위 등의 시작부터 종료까지를 가리키는 말입니다.

· 从八点到十点　　　　　8시부터 10시까지
　 cóng bā diǎn dào shí diǎn

· 从我家到公司　　　　　우리 집에서 회사까지
　 cóng wǒ jiā dào gōngsī

■ 不… 不…

'不 + 형용사1 + 不 + 형용사2(상반된 형용사)'는 '~하지도 않고 ~하지도 않다'는 뜻으로 어느 쪽으로도 치우치지 않고 적당하다는 의미입니다.

· 这双鞋不大不小。　　　이 신발은 크지도 작지도 않다.
　 Zhè shuāng xié bú dà bù xiǎo.

· 今天的气温不高不低。　오늘 기온이 높지도 않고, 낮지도 않다.
　 Jīntiān de qìwēn bù gāo bù dī.

■ 很少

'很少 + 동사'는 '별로 ~하지 않다'는 뜻으로 어떤 동작의 발생 빈도수가 매우 낮은 상황에 쓰입니다.

· 他很少给我打电话。　　그는 나에게 별로 전화를 걸지 않는다.
　 Tā hěn shǎo gěi wǒ dǎ diànhuà.

· 小李很少迟到。　　　　샤오리는 별로 지각을 하지 않는다.
　 Xiǎo Lǐ hěn shǎo chídào.

 연습하며 쑥쑥

■ 녹음을 다시 듣고 그림쑥쑥 의 빈 칸에 정보를 적어 보세요.

보기　① 从三月到五月 是春天。很 暖和 , 有时候 刮风 , 很少 下雨 。

■ '不… 不…'와 '很少'를 사용해서 날씨를 표현해 보세요.

ⓐ 春天很暖和, 很少 _____ 。

ⓑ 秋天不 _____ 不 _____ , 很凉快。

■ 출근하는 길 098

小张　天真阴啊！是不是快下雨了？
　　　Tiān zhēn yīn a! Shì bú shì kuài xiàyǔ le?

小李　天气预报说今天有大雨。
　　　Tiānqì yùbào shuō jīntiān yǒu dàyǔ.

小张　是吗？真糟糕，我没带雨伞。
　　　Shì ma? Zhēn zāogāo, wǒ méi dài yǔsǎn.

小李　别担心，我有两把雨伞，可以借给你一把。
　　　Bié dānxīn, wǒ yǒu liǎng bǎ yǔsǎn, kěyǐ jiè gěi nǐ yì bǎ.

小张　太谢谢了!
　　　Tài xièxie le!

小李　别客气。
　　　Bié kèqi.

099

● 预报 예보(하다)	带 휴대하다	借 빌리다, 빌려주다
yùbào	dài	jiè
● 雨伞 우산	把 자루 (손잡이가 있는 것의 양사)	
yǔsǎn	bǎ	
● 别 ～하지 마라	担心 걱정하다	客气 사양하다
bié	dānxīn	kèqi
● 啊 아 (감탄사)	糟糕 야단났군	快…了 곧, 머지않아 ～하다
a	zāogāo	kuài…le

■ 좋아하는 계절 묻고 답하기 100

小刘　天气越来越热，夏天快到了。
　　　Tiānqì yuèláiyuè rè, xiàtiān kuài dào le.

小王　我最不喜欢夏天。
　　　Wǒ zuì bù xǐhuan xiàtiān.

小刘　为什么？
　　　Wèi shénme?

小王　太热了，一动就出汗。
　　　Tài rè le, yí dòng jiù chūhàn.

小刘　可是我喜欢夏天，可以去海里游泳。
　　　Kěshì wǒ xǐhuan xiàtiān, kěyǐ qù hǎi lǐ yóuyǒng.

101

● 到 도착하다　　　　动 움직이다　　　　出汗 땀이 나다　　　游泳 수영하다
　dào　　　　　　　dòng　　　　　　　chūhàn　　　　　　yóuyǒng

● 海 바다　　　　　里 안, 속
　hǎi　　　　　　　lǐ

● 越来越 갈수록, 점점　　　　　　　　一…就… ～하자마자 곧 ～하다
　yuèláiyuè　　　　　　　　　　　　yī…jiù…

● 为什么 왜 (의문)
　wèi shénme

■ '快……了'는 '곧 ~하다'

'快 + 동사·형용사·명사 + 了'는 어떤 상황이 곧 발생할 것임을 나타내는 표현입니다.

- 快吃饭了。　　　　　　　　　곧 밥 먹을 것이다.
  Kuài chīfàn le.

- 快三月了。　　　　　　　　　곧 3월이다.
  Kuài sān yuè le.

■ 了②와 没(有)

중국어의 과거시제는 '동사 + 了'로 표현합니다. 부정형은 '了'를 쓰지 않고 '没(有) + 동사'로 표현합니다.

- 我吃了，他没吃。　　　　　　나는 먹었고, 그는 안 먹었다.
  Wǒ chī le, tā méi chī.

- 我看了，他没看。　　　　　　나는 봤고, 그는 보지 않았다.
  Wǒ kàn le, tā méi kàn.

■ '别'는 금지사

别 + 동사. '别'는 동사 앞에 쓰여서 행위의 금지를 표현합니다.

- 你别去!　　　　　　　　　　가지 마라!
  Nǐ bié qù!

- 别看电视!　　　　　　　　　텔레비전 보지 마라!
  Bié kàn diànshì!

■ '越来越'는 '점점 더 ~하다'

'越来越 + 형용사'는 시간이 갈수록 정도가 심해지는 것을 나타내는 표현입니다.

- 冬天到了，天气越来越冷。　　겨울이 와서 날씨가 갈수록 추워진다.
  Dōngtiān dào le, tiānqì yuèláiyuè lěng.

- 雨越来越大。　　　　　　　　비가 점점 많이 내린다.
  Yǔ yuèláiyuè dà.

■ 一… 就…

'一 + 동사·형용사 + 就 + 동사·형용사'는 '~하자마자 바로 ~하다'의 뜻으로, 두 개의 일이 시간상 전후가 밀접하게 발생함을 나타냅니다.

- 我一到公司就给你打电话。　　나는 회사에 도착하자마자 바로 너에게 전화한다.
  Wǒ yí dào gōngsī jiù gěi nǐ dǎ diànhuà.

- 姐姐一去商店就买衣服。　　언니는 상점에 가자마자 바로 옷을 산다.
  Jiějie yí qù shāngdiàn jiù mǎi yīfu.

도전 BCT

1 녹음을 잘 듣고 빈 칸을 채워 보세요. 🎧 102

① 今天的最高气温是 _____ 。　　② 我不喜欢 _____ 。

③ 今天有 _____ 。　　④ _____ 了。

2 녹음을 잘 듣고 맞으면 ○, 틀리면 ×를 표시해 보세요. 🎧 103

① 现在是春天。　　　　　　(　　　)

② 我喜欢春天和秋天。　　(　　　)

③ 冬天太冷了，我不喜欢。(　　　)

3 '别'를 사용해서 그림을 표현해 보세요.

① _____　　② _____　　③ _____

4 '一··· 就···'를 사용해서 아래의 문장을 완성해 보세요.

① 回家 / 吃饭　　　　　→　　他 _____

② 学习汉语 / 想睡觉　　→　　她 _____

③ 到公司 / 工作　　　　→　　我 _____

④ 下雪 / 堵车　　　　　→　　在冬天 _____

5 '快······了'를 사용해서 그림을 표현해 보세요.

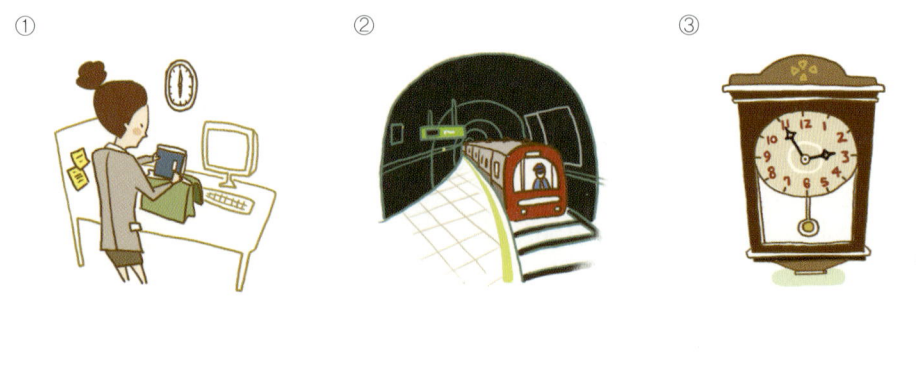

6 '越来越······'를 사용해서 그림을 표현해 보세요.

*速度 sùdù 속도 | 年龄 niánlíng 나이, 연령 | 价格 jiàgé 가격

7 아래의 문장을 부정문으로 바꾸어 보세요.

① 下雨了。 → _____

② 他睡觉了。 → _____

③ 我吃饭了。 → _____

④ 早上堵车了。 → _____

8 주어진 단어들을 한 문장이 되도록 알맞게 배열해 보세요.

① 迟到　今天　又　　我　　了　！

_____

② 大　这　小　不　不　件　衣服　。

_____

③ 春天　下雨　了　很少　到　，　。

_____

④ 游泳　我　有时侯　去　。

_____

9 <u>말하기!</u> 자신이 좋아하는 계절과 그 이유를 말해 보세요.

보기 　A : 我喜欢春天。

　　　B : 为什么?

　　　A : 春天不冷不热。

 104

중국과 한국의 1월 평균 기온입니다. 중국과 우리나라의 날씨를 비교해 봅시다.

하얼빈 −25℃

우루무치 −20℃

베이징 −10℃

서울 −2℃ 부산 3℃

제주도 5℃

하이난 29℃

＊乌鲁木齐 Wūlǔmùqí 우루무치 ｜海南 Hǎinán 하이난 ｜哈尔滨 Hā'ěrbīn 하얼빈
｜首尔 Shǒu'ěr 서울 ｜釜山 Fǔshān 부산 ｜济州岛 Jìzhōu dǎo 제주도

他穿着一套西服。

그는 양복을 입고 있습니다.

이번 단원을 배우면!
• 직장이나 일상생활에서 입는 의복의 명칭을 말할 수 있다.
• 상대방의 옷차림을 묘사할 수 있다.

그림
쏙쏙

■ 다양한 의복을 반복해서 들어 봅시다.

① 一件衬衣　②　③　④

⑤　⑥　⑦　⑧

⑨　⑩　⑪　⑫

단어
등장

- 衬衣 셔츠　　西服 양복　　套裙 투피스　　晚礼服 연회복
  chènyī　　xīfú　　tàoqún　　wǎnlǐfú

  夹克 재킷　　毛衣 스웨터　　牛仔裤 청바지　　内衣 내의
  jiákè　　máoyī　　niúzǎikù　　nèiyī

- 眼镜 안경　　皮鞋 구두　　领带 넥타이
  yǎnjìng　　píxié　　lǐngdài

- 套 벌, 세트　　条 벌　　副 짝
  tào　　tiáo　　fù

■ 의복을 세는 양사 '件, 条, 套'

'件, 条, 套'는 모두 의복을 세는 양사입니다. '件'은 주로 상의를 셀 때 사용하고, '条'는 가늘고 긴 것을 셀 때 사용하는데 주로 하의를 셀 때 사용합니다. '套'는 상, 하의 한 벌을 셀 때 사용합니다.

• 一件毛衣 yí jiàn máoyī	스웨터 한 벌	• 两件衬衣 liǎng jiàn chènyī	셔츠 두 벌
• 一条裤子 yì tiáo kùzi	바지 한 벌	• 一条领带 yì tiáo lǐngdài	넥타이 하나
• 一套西服 yí tào xīfú	양복 한 벌	• 两套内衣 liǎng tào nèiyī	내의 두 벌

＊裤子 kùzi 바지

■ 짝을 세는 양사 '副, 双'

'副, 双'은 모두 짝을 이루는 것에 대한 양사입니다. '副'는 안경을 세는 단위이고, '双'은 신발이나 양말 등 켤레를 세는 단위입니다.

• 一副眼镜 yí fù yǎnjìng	안경 하나	• 一双皮鞋 yì shuāng píxié	구두 한 켤레

연습하며 쏙쏙

■ 녹음을 다시 듣고 그림 쏙쏙 의 빈 칸을 채워 보세요.

보기   ① 一件衬衣

■ 다음 빈 칸에 알맞은 양사를 적어 보세요.

ⓐ 两 ___ 夹克   ⓑ 三 ___ 领带

ⓒ 一 ___ 皮鞋   ⓓ 一 ___ 套裙

step 02 说一说

■ 다음 인물들의 복장 묘사를 듣고 말해 봅시다.

107

① 　② 　③

① 他穿着 一套黑色的西服 ，戴着   ，系着   。

② 他穿着   ，   ，戴着   。

③ 她穿着   ，   。

- 穿 입다　　　戴 쓰다　　　系 매다
  chuān　　　 dài　　　　 jì

- 颜色 색깔　　黑色 검은색　　灰色 회색　　白色 흰색
  yánsè　　　 hēisè　　　　 huīsè　　　 báisè

108
  粉红色 분홍색　黄色 노란색　　绿色 녹색　　蓝色 파란색
  fěnhóngsè　　 huángsè　　　 lùsè　　　 lánsè

- 着 ~하고 있다
  zhe

■ '着'는 상태의 지속

'穿·戴·系 + 着 + 의복'의 형식은 사람의 옷차림 묘사에 사용하는 전형적인 표현입니다. 주의할 점은 의복 명사 앞에 양사를 사용해야 한다는 것입니다.

- 张经理穿着一套西服。　장 사장님은 양복을 입고 있다.
  Zhāng jīnglǐ chuān zhe yí tào xīfú.

- 我戴着一顶帽子。　나는 모자를 쓰고 있다.
  Wǒ dài zhe yì dǐng màozi.

- 他系着一条蓝色的领带。　그는 파란색 넥타이를 매고 있다.
  Tā jì zhe yì tiáo lánsè de lǐngdài.

 연습하며 쓱쓱

■ 녹음을 다시 듣고 그림 쓱쓱 의 빈 칸을 채워 보세요.

[보기]　① 他穿着 一套黑色的西服 , ……

■ 미션! 아래 사람들에게 서로 다른 옷을 입혀주고, 복장을 소개해 보세요.

ⓐ　ⓑ　ⓒ

step 03 练一练

■ 회의 전날 밤  109

李先生 明天公司有一个重要的会议。
Míngtiān gōngsī yǒu yí ge zhòngyào de huìyì.

我穿什么好？
Wǒ chuān shénme hǎo?

他妻子 穿白色的衬衣和那套灰色的西服吧!
Chuān báisè de chènyī hé nà tào huīsè de xīfú ba!

李先生 系什么颜色的领带？
Jì shénme yánsè de lǐngdài?

他妻子 蓝色很正式，和灰色、白色也相配。
Lánsè hěn zhèngshì, hé huīsè、báisè yě xiāngpèi.

系蓝色的领带吧!
Jì lánsè de lǐngdài ba!

李先生 好，听你的!
Hǎo, tīng nǐ de!

- 会议 회의   那 저, 저것, 그, 그것
  huìyì   nà

- 重要 중요하다   正式 정식이다   相配 어울리다
  zhòngyào   zhèngshì   xiāngpèi

- 听 듣다
  tīng

■ 세탁소에서 111

小王　这两条牛仔裤需要水洗，这两套羊毛的衣服需要干洗。
　　　Zhè liǎng tiáo niúzǎikù xūyào shuǐxǐ, zhè liǎng tào yángmáo de yīfu xūyào gānxǐ.

服务员　好的，我记一下。
　　　　Hǎo de, wǒ jì yíxià.

小王　什么时候可以取？
　　　Shénme shíhou kěyǐ qǔ?

服务员　后天下午。
　　　　Hòutiān xiàwǔ.

■ 小王의 일기 112

我最喜欢穿的衣服是T恤、牛仔裤，可是公司要求上班
Wǒ zuì xǐhuan chuān de yīfu shì T xù, niúzǎikù, kěshì gōngsī yāoqiú shàngbān

必须穿西服，系领带。所以，我只有周末，才能穿休闲服。
bìxū chuān xīfú, jì lǐngdài.　　Suǒyǐ, wǒ zhǐyǒu zhōumò, cáinéng chuān xiūxiánfú.

113

● 羊毛 양모 yángmáo	休闲服 평상복 xiūxiánfú	周末 주말 zhōumò
● 洗衣店 세탁소 xǐyīdiàn	水洗 물세탁(하다) shuǐxǐ	干洗 드라이클리닝(하다) gānxǐ

● 需要 필요하다 xūyào	记 기억하다 jì	取 가져가다 qǔ	要求 요구하다 yāoqiú

● 一下 좀 ～하다　　必须 반드시, 꼭　　所以 그래서
　yíxià　　　　　　bìxū　　　　　　suǒyǐ

只有 ～해야만　　才能 비로소 ～할 수 있다
zhǐyǒu　　　　cáinéng

■ 听你的

'听你的'는 다른 사람의 의견을 받아들일 때 사용하는 표현입니다.

· A : 我们吃烤鸭吧!　　우리 오리구이 먹자.
　　　Wǒmen chī kǎoyā ba!

　 B : 好，听你的!　　　좋아. 네 말 들을게.
　　　Hǎo, tīng nǐ de!

■ '那'는 '저것'

'**那 + 양사 + 명사**'. 지시사 '那'는 '这'와 반대로 비교적 멀리 있는 것을 가리킬 때 사용합니다.

· 那位顾客　　저 손님　　　　　　　那辆汽车　　저 차
　nà wèi gùkè　　　　　　　　　　　nà liàng qìchē

· 这位顾客　　이 손님　　　　　　　这辆汽车　　이 차
　zhè wèi gùkè　　　　　　　　　　zhè liàng qìchē

> 1과에서 배운 '这'는 가까운 것을 가리키는 '이것'의 의미입니다.

■ '所以'는 '그래서'

접속사 '所以'는 원인과 결과를 이어주는 역할을 합니다.

· 我不饿，所以现在不想吃饭。　　나는 배고프지 않아서(원인), 지금 밥 먹고 싶지 않다(결과).
　Wǒ bú è, suǒyǐ xiànzài bù xiǎng chīfàn.

· 堵车了，所以我迟到了。　　　길이 막혀서(원인), 나는 지각했다(결과).
　Dǔchē le, suǒyǐ wǒ chídào le.

■ 只有…才(能)…

'**只有 + 조건, 才(能) + 결과**'는 '특정 조건 하에서만 어떠한 결과가 될 수 있다'는 표현입니다.

· 只有总经理来，才能开会。　　사장님이 와야, 비로소 회의를 열 수 있다.
　Zhǐyǒu zǒngjīnglǐ lái, cáinéng kāihuì.

· 只有星期六，我才回家。　　토요일에만, 나는 비로소 집에 간다.
　Zhǐyǒu xīngqīliù, wǒ cái huíjiā.

도전 BCT

1 녹음을 잘 듣고 小王이 누구인지 골라 보세요. 🎧114

① ② ③ ④

2 녹음을 잘 듣고 빈 칸에 들어갈 내용을 적어 보세요. 🎧115

　　李明是大明公司的总经理。经常有＿＿＿＿＿的＿＿＿＿＿，所以他每天上班都
穿＿＿＿的衣服。只有＿＿＿的时候，他＿＿＿穿休闲服。

＊…的时候 de shíhou ～할 때

3 '这'와 '那'를 사용해서 아래 그림을 설명해 보세요.

① 摩托车 / 自行车

② 李经理 / 张经理

③ 洗衣店 / 饭馆

4 녹음을 잘 듣고 맞으면 ○, 틀리면 ×를 표시해 보세요. 🎧 116

① 男人是饭店的服务员。　　(　　)

② 女人的套裙需要水洗。　　(　　)

③ 两条领带需要干洗。　　(　　)

④ 衣服明天晚上可以取。　　(　　)

5 '所以'를 사용해서 아래의 문장을 완성해 보세요.

① 我很累，_____。

② 这个菜太辣了，_____。

③ 下大雨了，可是我没带雨伞，_____。

6 '只有…才(能)…'를 사용해서 아래의 주어진 단어를 문장으로 만들어 보세요.

① 晴天 / 我骑自行车去上班

_____

② 堵车 / 我迟到

_____

③ 烤鸭 / 我吃饭

_____

7 **미션!** 사진 속 인물의 옷차림을 묘사해 보세요.
그리고 더욱 잘 어울리는 코디법이 있다면 추천해 주세요.

①

_____

_____

_____

_____

②

_____

_____

_____

_____

 117

보충 단어

项链	戒指	耳环	手链	手表
xiàngliàn	jièzhi	ěrhuán	shǒuliàn	shǒubiǎo

运动服	羽绒服	风衣	迷你裙	短裤
yùndòngfú	yǔróngfú	fēngyī	mínǐqún	duǎnkù

运动鞋	高跟鞋	靴子	旗袍	唐装
yùndòngxié	gāogēnxié	xuēzi	qípáo	tángzhuāng

문화산책

Q 중국에서는 빨간색 웨딩 드레스가 있다던데요?

A 중국의 전통 혼례에서는 남녀 모두 빨간색 혼례복을 입습니다. 빨간색은 길함과 행복을 의미하기 때문입니다. 반대로 전통 장례에서는 흰색 옷을 입는데, 흰색은 슬픔과 애도를 의미하기 때문입니다.
요즘 현대식 결혼식에는 주로 흰색 웨딩드레스를 입고 결혼식을 올립니다. 대신 결혼식을 올린 후에는 빨간색 치파오를 입고 피로연을 합니다.

老板是一个工作狂。

사장님은 일벌레입니다.

이번 단원을 배우면!

· 취미 활동의 명칭을 말할 수 있다.
· 자신의 취미와 흥미를 간단하게 소개할 수 있다.

■ 다양한 취미생활을 반복해서 들어 봅시다.

118

① 听音乐

②

③

④

⑤

⑥

⑦

⑧

⑨

- 爱好 취미
  àihào

  音乐 음악
  yīnyuè

  电影 영화
  diànyǐng

  山 산
  shān

  高尔夫 골프
  gāo'ěrfū

  网球 테니스
  wǎngqiú

  电子游戏 컴퓨터 게임
  diànzǐ yóuxì

119

- 爬 (산에) 오르다
  pá

  打 치다
  dǎ

  玩儿 놀다
  wánr

- 逛街 길거리 쇼핑하다
  guàngjiē

  跑步 달리기하다
  pǎobù

  聊天儿 수다 떨다
  liáotiānr

- 对…感兴趣 ～에 흥미가 있다
  duì…gǎnxìngqù

핵심 콕콕

■ **취미생활 묻기**

상대방의 취미를 물어볼 때에는 아래의 몇 가지 방법을 사용합니다.

· 你喜欢做什么？　　　　　당신은 무엇을 하기를 좋아하세요?
　Nǐ xǐhuan zuò shénme?

· 你有什么爱好？　　　　　당신은 무슨 취미를 갖고 계세요?
　Nǐ yǒu shénme àihào?

· 你的爱好是什么？　　　　당신의 취미는 무엇인가요?
　Nǐ de àihào shì shénme?

· 你对什么感兴趣？　　　　당신은 무엇에 흥미가 있으신가요?
　Nǐ duì shénme gǎnxìngqù?

■ **취미생활 표현하기**

'내 취미는 골프야, 내 취미는 컴퓨터 게임이야'처럼 우리말은 명사를 강조하지만, 중국어는 '내 취미는 골프 치기야, 내 취미는 컴퓨터 게임 하기야'처럼 동사를 강조합니다.

· 我喜欢听音乐。　　　　　저는 음악 듣는 것을 좋아합니다.
　Wǒ xǐhuan tīng yīnyuè.

· 我的爱好是打网球。　　　제 취미는 테니스 치기입니다.
　Wǒ de àihào shì dǎ wǎngqiú.

연습하며 쑥쑥

■ '打'의 의미에 주의하여 다음 문장을 해석해 보세요.

ⓐ 我每天打的上班。

ⓑ 哥哥喜欢打网球。

ⓒ 明天你必须给我打电话。

■ 그림 쑥쑥 의 빈 칸을 채우고, 아래와 같이 묻고 답해 보세요.

ⓐ Q : 你喜欢做什么？　　　　A : 我喜欢 听音乐 。

ⓑ Q : 你有什么爱好？　　　　A : 我的爱好是 听音乐 。

ⓒ Q : 你对什么感兴趣？　　　A : 我对 听音乐 感兴趣。

■ 취미생활 🎧 120

小李 明天是星期天，我们去打高尔夫吧！
Míngtiān shì xīngqītiān, wǒmen qù dǎ gāo'ěrfū ba!

小王 不行，明天我得加班。
Bùxíng, míngtiān wǒ děi jiābān.

小李 你们公司怎么老加班啊？
Nǐmen gōngsī zěnme lǎo jiābān a?

小王 因为我们老板是一个工作狂！
Yīnwèi wǒmen lǎobǎn shì yí ge gōngzuòkuáng!

他最大的爱好是工作！
Tā zuì dà de àihào shì gōngzuò!

■ 거실에서 🎧 121

李先生 快换到体育台，足球比赛快开始了。
Kuài huàn dào tǐyùtái, zúqiú bǐsài kuài kāishǐ le.

他妻子 不行，我正在看电视剧呢！
Bùxíng, wǒ zhèngzài kàn diànshìjù ne!

李先生 求你了，这场比赛非常重要啊！
Qiú nǐ le, zhè cháng bǐsài fēicháng zhòngyào a!

他妻子 你真是一个足球迷！
Nǐ zhēn shì yí ge zúqiúmí!

● 行 ～해도 좋다　　得 ～해야 한다　　　加班 추가근무하다　　換 바꾸다
xíng　　　　　　　děi　　　　　　　　jiābān　　　　　　　huàn

开始 시작하다　　求 부탁하다
kāishǐ　　　　　　qiú

● 老 맨날　　　　正在 마침 ～중이다　　非常 매우
lǎo　　　　　　　zhèngzài　　　　　　fēicháng

● 老板 사장　　　体育台 스포츠채널　　电视剧 드라마
lǎobǎn　　　　　tǐyùtái　　　　　　diànshìjù

● 工作狂 일벌레　　迷 광, 애호가
gōngzuòkuáng　　mí

● 足球 축구　　　比赛 경기　　　　场 운동 경기를 세는 양사
zúqiú　　　　　　bǐsài　　　　　　cháng

● 因为 왜냐하면
yīnwèi

■ '得'는 '～해야 한다'

'得'는 영어의 'must'와 같이 의지상으로나 실제로 반드시 요구되는 것을 표현할 때 쓰입니다.
'得 + 동사' 형태로 쓰입니다.

· 明天我得去机场。　　　　　　　　내일 나는 공항에 가야 한다.
　Míngtiān wǒ děi qù jīchǎng.

· 上班得穿西服。　　　　　　　　　출근할 때는 양복을 입어야 한다.
　Shàngbān děi chuān xīfú.

■ 因为… 所以…

'因为 + 원인, 所以 + 결과' 형태로 쓰여 '～하기 때문에 ～하다'는 의미를 표현합니다.

· 因为堵车，所以我今天迟到了。　　차가 막혀서, 나는 오늘 지각했다.
　Yīnwèi dǔchē, suǒyǐ wǒ jīntiān chídào le.

· 因为太累了，所以我不想吃饭。　　너무 피곤해서, 밥을 먹고 싶지 않다.
　Yīnwèi tài lèi le, suǒyǐ wǒ bù xiǎng chīfàn.

■ '正在'는 동작의 진행형

부사 '正在, 正, 在'는 동작의 진행을 표시하고, 문장의 마지막에 종종 '呢'를 동반합니다.
'(正)在 + 동사 + (呢)' 형태로 표현합니다.

- 他正在吃饭。　　　　　　　　　　그는 밥을 먹고 있다.
  Tā zhèngzài chīfàn.

- 我在给他打电话呢。　　　　　　　나는 그에게 전화하고 있다.
  Wǒ zài gěi tā dǎ diànhuà ne.

■ 怎么老……啊?

부사 '老'는 어떤 상황이 자주 출현함을 표시하며, 대부분 불만스러운 어투로 쓰입니다.
'怎么老 + 동사 + 啊?'는 '어떻게 늘 ~하는가?'로서 불만을 나타내는 표현입니다.

- 你怎么老迟到啊？　　　　　　　너는 어떻게 맨날 지각하니?
  Nǐ zěnme lǎo chídào a?

- 姐姐怎么老看电视剧啊？　　　　언니는 어떻게 줄곧 드라마만 봐?
  Jiějie zěnme lǎo kàn diànshìjù a?

■ '迷'는 열광팬

'명사 + 迷'는 어떤 대상에 푹 빠져 있는 사람을 가리키는 표현입니다.

- 电影迷　　　영화광　　　　　　· 电视剧迷　　　드라마광
  diànyǐngmí　　　　　　　　　　　　diànshìjùmí

■ 다음 동사에 어울리는 명사를 연결해 보세요.

ⓐ 听　　·　　　　　　　　·　电子游戏

ⓑ 打　　·　　　　　　　　·　高尔夫

ⓒ 玩儿·　　　　　　　　·　山

ⓓ 爬　　·　　　　　　　　·　音乐

■ 그림을 보고 무엇의 애호가인지 말해 보세요.

ⓐ

ⓑ

ⓒ

ⓓ

ⓔ

ⓕ

■ '正在'를 사용하여 그림을 표현해 보세요.

ⓐ

ⓑ

ⓒ

ⓓ

ⓔ

ⓕ

 ■ 小张의 취미 123

我有很多爱好，比如听音乐、看电影、打网球。不过我最
Wǒ yǒu hěn duō àihào, bǐrú tīng yīnyuè、kàn diànyǐng、dǎ wǎngqiú.　　　　Búguò wǒ zuì

喜欢打网球。从周一到周五，我都得上班，没有时间。周六和
xǐhuan dǎ wǎngqiú.　Cóng zhōuyī dào zhōuwǔ, wǒ dōu děi shàngbān, méiyǒu shíjiān. Zhōuliù hé

周日如果不加班，我就和朋友们去打网球。打网球累是累，不过
zhōurì rúguǒ bù jiābān, wǒ jiù hé péngyoumen qù dǎ wǎngqiú.　Dǎ wǎngqiú lèi shì lèi, búguò

可以锻炼身体，也可以放松精神。
kěyǐ duànliàn shēntǐ, yě kěyǐ fàngsōng jīngshén.

 124

比如 예를 들면 bǐrú	不过 그러나 búguò	如果 만약 rúguǒ	
周 주, 요일 zhōu	时间 시간 shíjiān	朋友 친구 péngyou	精神 정신 jīngshén
放松 느슨하다, 이완시키다 fàngsōng			
都 모두 dōu			

■ '都'는 '모두'

부사 '都'는 각각을 총괄하는 의미로 사용하며, 총괄하는 대상 뒤에 사용합니다.

- 他每天都坐公共汽车。　　　　　　그는 매일 모두 버스를 탑니다.
  Tā měi tiān dōu zuò gōnggòngqìchē.

- 从三点到六点，我都在家。　　　　3시부터 6시까지, 나는 쭉 집에 있습니다.
  Cóng sān diǎn dào liù diǎn, wǒ dōu zài jiā.

■ 如果…, 就…

'如果…, 就…'는 '만일 ~라면, ~하다'는 의미의 가정법 표현입니다.

- 如果下雨，我就不去打网球。　　　만약 비가 오면, 나는 테니스 치러 가지 않을 것이다.
  Rúguǒ xiàyǔ, wǒ jiù bú qù dǎ wǎngqiú.

- 如果你喜欢，就买吧!　　　　　　만약 네 맘에 든다면 사!
  Rúguǒ nǐ xǐhuan, jiù mǎi ba!

■ …是…, 不过…

'A + 是 + A, 不过 + B' 표현은 먼저 A의 상황을 인정하고, 다시 그것에 반대되는 B의 상황을 제시할 때 사용합니다.

- 这个菜辣是辣，不过很好吃。　　　이 요리는 맵긴 맵지만, 아주 맛있다.
  Zhè ge cài là shì là, búguò hěn hǎochī.

- 我喜欢是喜欢，不过不想买。　　　좋아하긴 하지만, 사고 싶지 않다.
  Wǒ xǐhuan shì xǐhuan, búguò bù xiǎng mǎi.

＊好吃 hǎochī 맛있다

1 녹음을 잘 듣고, 빈 칸을 채워 보세요. 🎧 125

① 我对汉语很_____。

② 他喜欢_____跑步。

③ 妈妈的爱好是_____。

2 녹음을 잘 듣고 맞으면 ○, 틀리면 ×를 표시해 보세요. 🎧 126

① 男人去打网球。　　　　　　　(　　)

② 女人不喜欢打高尔夫。　　　　(　　)

③ 男人周六如果有时间，就去打高尔夫。(　　)

3 '如果…就…'을 사용해서 그림을 표현해 보세요.

①

_____

②

_____

③

_____

④

_____

4 '都'와 주어진 단어를 사용해서 문장을 완성해 보세요.

① 父亲、母亲和我_____。（律师）

② 星期一、星期二、星期三_____。（下雨）

③ 我的朋友们_____。（喜欢爬山）

④ 饭馆的菜_____。（有点儿辣）

5 '…是…，不过…'를 사용해서 그림을 표현해 보세요.

①
_____

②
_____

③
_____

④
_____

6 제시된 조건을 가지고 보기 처럼 짧은 대화를 완성해 보세요.

> 보기 看电影 / 学习汉语　　Q：我们看电影吧!
>
> 　　　　　　　　　　　　A：不行，我得学习汉语。

① 逛街 / 游泳　　　　Q：_____!

　　　　　　　　　　　A：_____。

② 聊天 / 工作　　　　Q：_____!

　　　　　　　　　　　A：_____。

 127

보충 단어

游泳
yóuyǒng

滑雪
huáxuě

滑冰
huábīng

唱歌
chànggē

跳舞
tiàowǔ

散步
sànbù

养狗
yǎnggǒu

读书
dúshū

做菜
zuòcài

 문화산책

Q 마작(麻将 májiàng)은 무엇인가요?

A 마작은 중국인들이 오늘날에도 즐겨하는 전통 실내 게임입니다. 4명이 사각형의 탁자에 둘러앉아 136개의 패를 섞어 규칙에 맞게 가장 먼저 맞추는 사람이 승자가 됩니다. 패를 섞을 때 참새 떼가 지저귀는 것처럼 시끄러운 소리가 난다고 해서 게임의 이름이 붙여졌습니다.

我是2000年开始工作的。

저는 2000년에 일을 시작했습니다.

이번 단원을 배우면!
• 과거의 경험을 소개할 수 있다.
• 자신의 학력과 근무경력을 소개할 수 있다.

认一认

■ 과거에 이루어진 행동을 잘 듣고 말해 봅시다.

① 他吃过北京烤鸭。

②

③

④

⑤

⑥

⑦

⑧

⑨

● 过　～한 적이 있다
　 guo

● 北京　베이징
　 Běijīng

■ 경험의 '过'

'동사 + 过 + 명사'는 '~한 적이 있다'는 뜻으로 과거의 경험을 나타냅니다. 경험의 부정은 '没' 를 사용하여 '没 + 동사 + 过 + 명사'로 표현합니다.

긍정	부정
·我去过北京。 Wǒ qù guo Běijīng. 나는 베이징에 가 봤다. ·他给我打过电话。 Tā gěi wǒ dǎ guo diànhuà. 그는 나에게 전화한 적이 있다.	·我没去过北京。 Wǒ méi qù guo Běijīng. 나는 베이징에 가 본 적이 없다. ·他没给我打电话。 Tā méi gěi wǒ dǎ diànhuà. 그는 나에게 전화한 적이 없다.

■ 녹음을 다시 듣고 그림 쏙쏙 의 빈 칸을 채워 보세요.

[보기] ① 他吃过北京烤鸭。

■ 미션! 과거의 경험을 묻고 답해 보세요.

[보기] Q : 你 吃过烤鸭 吗？   A : 吃过。 (긍정)

  没吃过。 (부정)

■ 과거의 일 중 강조하고 있는 내용을 잘 듣고 말해 봅시다.

① 她是2000年毕业的。

②

③

④

⑤

⑥

毕业 졸업하다 bìyè	结婚 결혼하다 jiéhūn	出差 출장가다 chūchāi	介绍 소개하다 jièshào
认识 알다 rènshi	见面 만나다 jiànmiàn		

大学 대학 dàxué	教堂 교회 jiàotáng	酒吧 술집 jiǔbā

■ '是……的'는 강조용법

핵심
콕콕

이미 알고 있는 상황에서 그것이 발생한 시간, 장소, 방법, 사람 등을 강조하고 싶을 때, '(是) + 강조내용 + 동사 + 的' 형태를 사용합니다. 이때 '是'는 생략할 수 있습니다.

① 시간 강조

Q: 你是什么时候大学毕业的？　　　당신은 언제 대학을 졸업한 것입니까?
　　Nǐ shì shénme shíhou dàxué bìyè de?

A: 去年。　　　　　　　　　　작년에요.
　　Qùnián.

② 장소 강조

Q: 你是在哪儿吃的？　　　　당신은 어디에서 먹었습니까?
　　Nǐ shì zài nǎr chī de?

A: 饭馆。　　　　　　　　식당에서요.
　　Fànguǎn.

③ 방법 강조

Q: 他怎么来的？　　　　그는 어떻게 왔습니까?
　　Tā zěnme lái de?

A: 打的来的。　　　　택시타고 온 거예요.
　　Dǎdī lái de.

■ 녹음을 다시 듣고 그림 쏙쏙의 빈 칸을 채워 보세요.

보기　　① 她是2000年毕业的。

■ 미션! '是……的'를 사용하여 그림 쏙쏙의 각 내용을 강조해서 묻고 답해 보세요.

① 시간 묻고 답하기　　　② 장소 묻고 답하기　　　③ 방법 묻고 답하기

④ 방법 묻고 답하기　　　⑤ 장소 묻고 답하기　　　⑥ 시간 묻고 답하기

10 저는 2000년에 일을 시작했습니다. | **133**

■ 다음 이력서 내용을 잘 들어 봅시다. 132

이 력 서		
성 명	李 明	
성 별	男	
생년월일	1971. 09. 18	

주소	서울시 중앙구 북4동 2-6번지
휴대전화	013-3988-8888
e-mail	ming@hotmail.com

学习经历

时间	毕业院校	专业	学历
1990 ~ 1994	北方大学	工商管理	本科
1994 ~ 1997	北方大学	MBA	
1997 ~ 2000	南方大学	经济学	博士

工作经历

时间	单位	职务
2000 ~ 2002	大明公司	职员
2003 ~ 2005	大明公司	经理助理
2005 ~	东方公司	市场部主管

从1990年到1994年，我在北方大学读本科，专业是
Cóng yī jiǔ jiǔ líng nián dào yī jiǔ jiǔ sì nián, wǒ zài Běifāng dàxué dú běnkē, zhuānyè shì

工商管理。毕业后到97年，读了三年MBA。然后从
gōngshāng guǎnlǐ.　Bìyè hòu dào jiǔ qī nián, dú le sān nián MBA.　　　Ránhòu cóng

97年到2000年在南方大学读了经济学的博士。我的第
jiǔ qī nián dào èr líng líng líng nián zài Nánfāng dàxué dú le jīngjìxué de bóshì.　Wǒ de dì

一份工作是大明公司的职员，后来是经理助理。从05
yī fèn gōngzuò shì Dàmíng gōngsī de zhíyuán, hòulái shì jīnglǐ zhùlǐ.　　　Cóng líng wǔ

年到现在我一直是东方公司的市场部主管。
nián dào xiànzài wǒ yìzhí shì Dōngfāng gōngsī de shìchǎngbù zhǔguǎn.

经历 경력 jīnglì	学历 학력 xuélì		
院校 대학교 yuànxiào	单位 회사, 직장 dānwèi		
读 공부하다 dú	本科 학부 běnkē	硕士 석사 shuòshì	博士 박사 bóshì
专业 전공 zhuānyè	工商管理学 경영학 gōngshāng guǎnlǐxué	经济学 경제학 jīngjìxué	
职务 직무 zhíwù	市场部 마케팅팀 shìchǎngbù	助理 보좌관 zhùlǐ	主管 팀장 zhǔguǎn
然后 그런 후에 ránhòu	第 제, ~번째 dì	份 일을 세는 양사 fèn	一直 줄곧, 계속 yìzhí

■ **시간과 장소 표현하기**

동작이 발생한 시간과 장소를 동시에 말할 때, '<mark>주어 + 시간 + 장소 + 동사</mark>'의 형태로 사용합니다.

- 我 + 昨天 + 在家 + 休息。 나는 어제 집에서 쉬었다.
  Wǒ zuótiān zài jiā xiūxi.

- 我明年到日本工作。 나는 내년에 일본에 가서 일할 것이다.
  Wǒ míngnián dào Rìběn gōngzuò.

*休息 xiūxi 휴식하다 | 日本 Rìběn 일본

■ **'一直'는 '계속'**

'一直'는 어떤 상황이 일정 시간 지속되고, 변화가 일어나지 않는 것을 의미합니다.

- 从9点到12点，小王一直在工作。 9시부터 12시까지 샤오왕은 줄곧 일한다.
  Cóng jiǔ diǎn dào shí'èr diǎn, Xiǎo Wáng yìzhí zài gōngzuò.

- 这几天的天气一直很好。 요 며칠 날씨가 계속 좋다.
  Zhè jǐ tiān de tiānqì yìzhí hěn hǎo.

■ **读了三年MBA**

어떤 행동이나 상황이 지속한 시간을 표현할 때 '<mark>동사 + 시간 + 목적어</mark>' 형태로 표현합니다.

- 休息七天。 7일 동안 쉬다.
  Xiūxi qī tiān.

- 我今天上两个小时课。 나는 오늘 두 시간 수업을 들었다.
  Wǒ jīntiān shàng liǎng ge xiǎoshí kè.

- 我学习了半个月汉语。 나는 반 개월 동안 중국어를 공부했다.
  Wǒ xuéxí le bàn ge yuè Hànyǔ.

- 你工作了几年? 당신은 몇 년 동안 일했습니까?
  Nǐ gōngzuò le jǐ nián?

*小时 xiǎoshí 시간 | 上课 shàngkè 수업하다, 수업을 듣다

도전 BCT 🎨

1 녹음을 잘 듣고 맞으면 ○, 틀리면 ×를 표시해 보세요. 🎧 134

① 小王出差了。 ( )

② 小王是坐飞机去北京的。 ( )

③ 小王是前天下午去的。 ( )

④ 小王不是一个人去的。 ( )

2 녹음을 잘 듣고, 빈 칸을 채워 보세요. 🎧 135

我叫张名，北京人，今年＿＿＿＿＿＿＿。我是1997年＿＿＿＿＿＿＿的，当过两年＿＿＿＿＿，很想到你们公司工作。

＊当 dāng (직무를) 맡다

3 보기 처럼 아래 문장들을 다시 써 보세요.

> 보기 从九点到十二点，我一直在学习。
> → 我学习了三个小时。

① 从2001年到2002年，我在北京大学学习汉语。

　→ ＿＿＿＿＿＿＿＿＿＿＿＿＿＿＿＿＿

② 从星期一到星期五，他都在公司工作。

　→ ＿＿＿＿＿＿＿＿＿＿＿＿＿＿＿＿＿

③ 从8点到11点我们一直上课。

　→ ＿＿＿＿＿＿＿＿＿＿＿＿＿＿＿＿＿

④ 星期一、星期二一直下雨。

　→ ＿＿＿＿＿＿＿＿＿＿＿＿＿＿＿＿＿

4 '一直'를 사용해서 그림의 의미를 표현해 보세요.

①

_____

②

_____

③

_____

④

_____

5 보기 의 동사를 활용해서 아래의 형식대로 묻고 답해 보세요.

보기	发 骑 坐 打 吃 学 去 玩 加班

① Q：你_____过_____吗？

A：_____过。 / 没_____过。

Q：你是_____的？

A：是_____的。

② Q：你_____了吗？

A：_____了。 / 没_____。

Q：你是_____的？

A：是_____的。

6 미션! 자신의 이력서를 작성하고 소개해 보세요.

<table>
<tr><td rowspan="3">照片</td><td colspan="4" style="text-align:center">个 人 简 历</td></tr>
</table>

照片	姓名	
	性别	
	出生年月	
地址		
手机号码		
e-mail		

学习经历			
时间	毕业院校	专业	学历

工作经历		
时间	单位	职务

*个人简历 gèrén jiǎnlì 개인 이력 | 照片 zhàopiàn 사진 | 姓名 xìngmíng 성명
性别 xìngbié 성별 | 出生年月 chūshēng niányuè 생년월일 | 地址 dìzhǐ 주소

 136

보충 단어

法律学
fǎlǜxué

政治学
zhèngzhìxué

国际关系学
guójì guānxixué

经济学
jīngjìxué

社会学
shèhuìxué

新闻学
xīnwénxué

语言学
yǔyánxué

中文学
zhōngwénxué

教育学
jiàoyùxué

历史学
lìshǐxué

哲学
zhéxué

数学
shùxué

计算机科学
jìsuànjīkēxué

土木工程学
tǔmùgōngchéngxué

音乐学
yīnyuèxué

男职员是女职员的两倍。

남자 직원이 여자 직원의 두 배입니다.

이번 단원을 배우면!

· 배수, 분수, 소수 등의 숫자 표현을 할 수 있다.
· 회사의 통계 자료를 간단하게 소개할 수 있다.

■ 도표를 보며 녹음을 잘 들어 봅시다.

137

〈大明公司职员人数柱形图〉

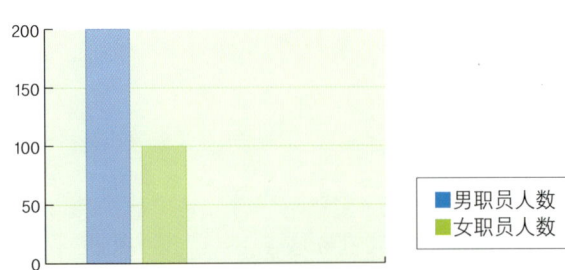

这是公司职员的人数柱形图。 公司一共有 _____ 名
Zhè shì gōngsī zhíyuán de rénshù zhùxíngtú.　Gōngsī yígòng yǒu _____ míng

职员，其中 _____ 名是女职员， _____ 名是男职员。
zhíyuán,　qízhōng _____ míng shì nǚ zhíyuán, _____ míng shì nán zhíyuán.

男职员占公司职员的 _____ ，女职员占公司
Nán zhíyuán zhàn gōngsī zhíyuán de _____ , nǚ zhíyuán zhàn gōngsī

职员的 _____ 。男职员是女职员的 _____ 。
zhíyuán de _____ .　Nán zhíyuán shì nǚ zhíyuán de _____ .

138

- 柱形图　막대그래프
  zhùxíngtú

- 人数　인원수　　　　名　명 (양사)
  rénshù　　　　　　míng

- 占　차지하다　　　　其中　그 중
  zhàn　　　　　　　qízhōng

- 分之　~분의~　　　百分之　백분의~　　倍　배
  fēnzhī　　　　　　bǎifēnzhī　　　　　bèi

■ **분수의 표현 '分之'**

분수를 읽는 방법은 우리말과 같으며 '分之'를 사용합니다.

- 2/5   五分之二
          wǔ fēnzhī èr

- 1/100   百分之一
          bǎifēnzhī yī

■ **소수의 표현 '点'**

소수를 읽는 방법 역시 우리말과 같으며 '点'을 사용합니다.

- 3.2   三点二
          sān diǎn èr

- 201.375 二百零一点三七五
           èr bǎi líng yī diǎn sān qī wǔ

■ **배수의 표현 '倍'**

'A는 B의 몇 배다'라는 배수 표현은 'A 是 B 的 + ···倍'로 나타냅니다.

- 男职员是女职员的两倍。   남자 직원이 여자 직원의 두 배이다.
  Nán zhíyuán shì nǚ zhíyuán de liǎng bèi.

■ **부분과 전체의 수량 관계 '占'**

'A(부분)는 B(전체)의 얼마를 차지한다'라는 표현은 'A 占 B 的 + 분수'로 표기합니다.

- 女职员占公司职员的三分之一。
  Nǚ zhíyuán zhàn gōngsī zhíyuán de sān fēnzhī yī.
  여자 직원이 회사 직원의 3분의 1을 차지한다.

- 市场部职员占公司职员的百分之二十。
  Shìchǎngbù zhíyuán zhàn gōngsī zhíyuán de bǎifēnzhī èrshí.
  마케팅팀 직원이 회사 직원의 20%를 차지한다.

■ 도표를 보고 그림 쏙쏙의 빈 칸을 채워 봅시다.

■ 아래의 숫자들을 읽어 보세요.

ⓐ 3/5   ⓑ 1/10   ⓒ 72%

ⓓ 0.62   ⓔ 79.19   ⓕ 0.008

■ 판매 현황 보고 🎧 139

小李	经理，这是这个月的销售情况，请您过目。
	Jīnglǐ, zhè shì zhè ge yuè de xiāoshòu qíngkuàng, qǐng nín guòmù.

赵经理	怎么比上个月下降了百分之十啊？
	Zěnme bǐ shàng ge yuè xiàjiàng le bǎifēnzhī shí a?

小李	最近我们对面新开了一个超市，所以…
	Zuìjìn wǒmen duìmiàn xīn kāi le yí ge chāoshì, suǒyǐ…

赵经理	你去通知销售部门的职员，
	Nǐ qù tōngzhī xiāoshòu bùmén de zhíyuán,
	下午开一个紧急会议，商量一下解决办法。
	xiàwǔ kāi yí ge jǐnjí huìyì, shāngliáng yíxià jiějué bànfǎ.

小李	好的，我马上去。
	Hǎo de, wǒ mǎshàng qù.

🎧 140

销售 판매	过目 훑어보다	下降 하강하다	开 열다
xiāoshòu	guòmù	xiàjiàng	kāi
通知 알리다	商量 상의하다	解决 해결하다	
tōngzhī	shāngliáng	jiějué	

情况 상황	最近 최근	对面 맞은편	超市 슈퍼마켓, 마트
qíngkuàng	zuìjìn	duìmiàn	chāoshì
部门 부서	办法 방법		
bùmén	bànfǎ		

新 새롭다	紧急 긴급하다		
xīn	jǐnjí		

这个月 이번 달	上个月 지난 달	下个月 다음 달	马上 곧
zhè ge yuè	shàng ge yuè	xià ge yuè	mǎshàng

■ 신규채용 공고 🎧 141

小王	我们公司又要招聘新职员了。
	Wǒmen gōngsī yòu yào zhāopìn xīn zhíyuán le.

小张	计划招聘多少人？
	Jìhuà zhāopìn duōshao rén?

小王	50人，比去年增长了20%左右。
	Wǔshí rén, bǐ qùnián zēngzhǎng le bǎifēnzhī èrshí zuǒyòu.

小张	看来公司的规模越来越大。
	Kànlái gōngsī de guīmó yuèláiyuè dà.

小王	是啊，公司职员之间的竞争也越来越激烈。
	Shì a, gōngsī zhíyuán zhījiān de jìngzhēng yě yuèláiyuè jīliè.

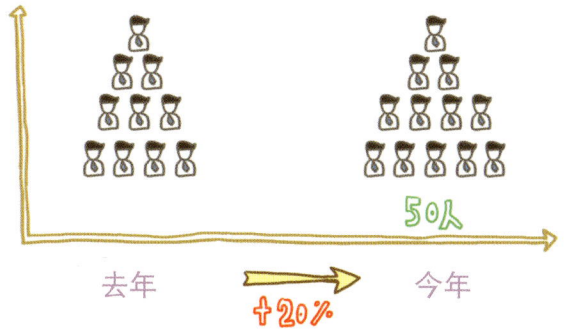

• 招聘 모집하다	计划 계획(하다)	增长 증가하다	看来 보아하니
zhāopìn	jìhuà	zēngzhǎng	kànlái

• 规模 규모	竞争 경쟁
guīmó	jìngzhēng

• 激烈 격렬하다
jīliè

• 之间 사이	左右 가량
zhījiān	zuǒyòu

■ '比' 비교문②

비교의 정도를 나타낼 때 'A 比 B + 동사 · 형용사 + 숫자'의 형태로 표현합니다.

· 这件衣服比那件衣服贵100块。　　　이 옷은 저 옷보다 100원 더 비싸다.
　Zhè jiàn yīfu bǐ nà jiàn yīfu guì yìbǎi kuài.

· 昨天的气温比今天的气温高3度。　　어제 기온이 오늘 기온보다 3도 높다.
　Zuótiān de qìwēn bǐ jīntiān de qìwēn gāo sān dù.

■ 어림수 표현

① 숫자(10의 배수) + 多 + 양사 + 명사

· 二十多个人　　20여 명　　　　　· 三十多岁　　　　30여 세
　èrshí duō ge rén　　　　　　　　sānshí duō suì

② 숫자(10의 배수) + 양사 + 명사 + 左右

· 十个人左右　　10명 전후　　　　· 百分之七十左右　　70% 전후
　shí ge rén zuǒyòu　　　　　　　　bǎifēnzhī qīshí zuǒyòu

③ 두 개의 이웃하는 숫자 + 양사 + 명사

· 两三个人　　　두세 명　　　　　· 二十一二岁　　　스물 한 두 살
　liǎng sān ge rén　　　　　　　　èrshíyī èr suì

■ '看来'는 '보아하니'

'看来 + 구'는 어떤 상황에 대해서 내린 판단을 표현할 때 사용합니다.

· 他一回家就睡觉了，看来他很累。
　Tā yì huíjiā jiù shuìjiào le, kànlái tā hěn lèi.
　그가 집에 오자마자 자는 걸 보니 매우 피곤한 것 같다.

· 外边的人都穿着很厚的衣服，看来今天很冷。
　Wàibian de rén dōu chuān zhe hěn hòu de yīfu, kànlái jīntiān hěn lěng.
　바깥에 사람들이 모두 두꺼운 옷을 입은 걸 보니, 오늘 매우 추운 것 같다.

＊厚 hòu 두껍다

■ 'A 比 B + 동사 · 형용사 + 숫자'를 사용하여 아래 그림의 의미를 표현해 보세요.

ⓐ

ⓑ
姐姐   妹妹

35세   30세

ⓒ

가격: 22元   가격: 16元

ⓓ

■ 미션! 괄호 안의 지시에 따라 어림수를 만들어 대답해 보세요.

ⓐ　Q : 这双鞋多少钱？

　　A :　　　　　　　　　　　　　。（…多）

ⓑ　Q : 你们公司有多少人？

　　A :　　　　　　　　　　　　　。（…左右）

ⓒ　Q : 现在几点？

　　A :　　　　　　　　　　　　　。（이웃하는 두 개의 숫자）

ⓓ　Q : 今天多少度？

　　A :　　　　　　　　　　　　　。（…多）

ⓔ　Q : 从公司到家远吗？

　　A :　　　　　　　　　　　　　。（…左右）

ⓕ　Q : 你每天晚上几点睡觉？

　　A :　　　　　　　　　　　　　。（이웃하는 두 개의 숫자）

■ 도표를 보며 녹음을 잘 들어 봅시다.

〈世界人均啤酒消费量变化图〉

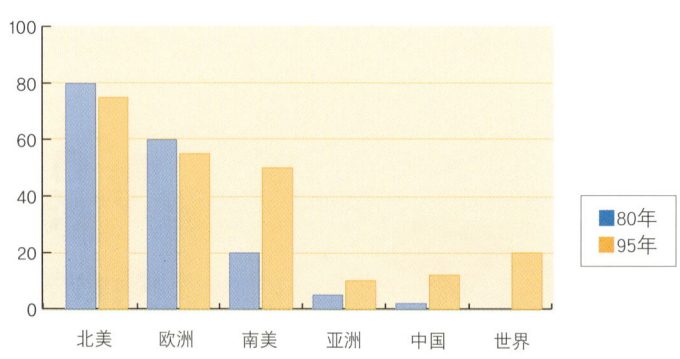

这个图表示的是80年和95年世界人均啤酒消费量的
Zhè ge tú biǎoshì de shì bā líng nián hé jiǔ wǔ nián shìjiè rénjūn píjiǔ xiāofèiliàng de

变化。从图中我们可以知道，北美和欧洲的人均啤酒消费量
biànhuà.　Cóng tú zhōng wǒmen kěyǐ zhīdào, Běiměi hé Ōuzhōu de rénjūn píjiǔ xiāofèiliàng

很大，不过95年比80年下降了一些。南美、亚洲和中国80
hěn dà,　búguò jiǔ wǔ nián bǐ bā líng nián xiàjiàng le yìxiē.　Nánměi、Yàzhōu hé Zhōngguó bā líng

年的人均啤酒消费量不太大，但是95年比80年明显增长
nián de rénjūn píjiǔ xiāofèiliàng bú tài dà, dànshì jiǔ wǔ nián bǐ bā líng nián míngxiǎn zēngzhǎng

了。其中增长最多的是南美，已经接近欧洲的消费量，超过
le.　Qízhōng zēngzhǎng zuì duō de shì Nánměi, yǐjing jiējìn Ōuzhōu de xiāofèiliàng, chāoguò

了世界人均啤酒消费量。亚洲和中国95年的人均啤酒消费量
le shìjiè rénjūn píjiǔ xiāofèiliàng. Yàzhōu hé Zhōngguó jiǔ wǔ nián de rénjūn píjiǔ xiāofèiliàng

虽然增长了，但是比95年世界人均啤酒消费量还低百分之
suīrán zēngzhǎng le, dànshì bǐ jiǔ wǔ nián shìjiè rénjūn píjiǔ xiāofèiliàng hái dī bǎifēnzhī

五十左右。
wǔshí zuǒyòu.

● 变化 변화하다　　表示 나타내다　　接近 근접하다　　超过 초과하다
　 biànhuà　　　　biǎoshì　　　　　jiējìn　　　　　chāoguò

　 明显 뚜렷하다
　 míngxiǎn

● 世界 세계　　　人均 1인당 평균　消费量 소비량　　图 그림
　 shìjiè　　　　rénjūn　　　　　xiāofèiliàng　　tú

　 北美 북미　　　欧洲 유럽　　　南美 남미　　　亚洲 아시아
　 Běiměi　　　　Ōuzhōu　　　　Nánměi　　　　Yàzhōu

● 一些 약간　　　已经 이미　　　虽然 비록　　　还 여전히
　 yìxiē　　　　yǐjing　　　　　suīrán　　　　hái

■ '的③'는 '~하는 것'

'형용사·동사 + 的'는 우리말의 '~하는 것'에 해당하며 '的'는 형용사와 동사를 명사구로 만드는 역할을 합니다.

・这个图表示的　　이 도표가 표시하는 것　　　・最便宜的　가장 저렴한 것
　zhè ge tú biǎoshì de　　　　　　　　　　　　　zuì piányi de

■ '虽然'은 '비록'

'虽然 A, 不过(可是, 但是) B'는 '비록 A하지만, 그러나 B하다'라는 뜻입니다. A를 사실로 인정하지만 B는 결코 A로 인해서 성립되지 않는 것일 때 사용합니다.

・虽然刮风，可是不冷。　　　　　　비록 바람이 불지만, 춥지 않다.
　Suīrán guāfēng, kěshì bù lěng.

・虽然他很年轻，不过身体不好。　　그는 젊지만, 건강이 좋지 않다.
　Suīrán tā hěn niánqīng, búguò shēntǐ bù hǎo.

■ '还'는 '여전히'

부사 '还'는 '아직도, 여전히, 그래도'의 의미입니다. 어떤 현상이나 동작이 계속 진행 될 때 쓰는 표현입니다.

・今天很冷，可是他还跑步。　　　오늘은 매우 춥지만 그래도 그는 달리기를 한다.
　Jīntiān hěn lěng, kěshì tā hái pǎobù.

・我吃了很多，还很饿。　　　　　나는 많이 먹었지만 여전히 배고프다.
　Wǒ chī le hěn duō, hái hěn è.

도전 BCT

1 녹음을 듣고 숫자를 적어 보세요. 🎧 145

① _____ ② _____ ③ _____ ④ _____

2 녹음을 듣고 빠져 있는 내용을 적어 보세요. 🎧 146

① 大明公司一共有职员 _____, 其中男职员是女职员的 _____。

② 今年公司的销售量比去年增长了 _____。

3 보기 와 같이 등식을 보고, 배수 관계를 표현해 보세요.

> 보기 5×2＝10 → 10是5的两倍，2的五倍。

① 3×7＝21 → _____

② 120÷60＝2 → _____

③ 88×3＝254 → _____

4 다음 문장의 빈 칸에 보기 의 단어를 알맞게 넣어 보세요.

> 보기 新 马上 之间 对面 过目 其中

① 请稍等，( )到。

② 我们公司在银行的( )。

③ 你说吧，我们( )没有秘密。

④ 我去过很多地方，( )我最喜欢北京。

⑤ 每个月的销售情况，请您( )。

⑥ 今天我想穿( )衣服。

＊**秘密** mìmì 비밀 | **地方** dìfang 장소

5 '虽然'을 사용하여 아래의 문장을 완성해 보세요.

① _____ ，可是我得加班。

② _____ ，不过现在没有工作。

③ _____ ，不过人太多了。

④ _____ ，不过经常没有时间。

6 '还'를 사용해서 아래 그림의 의미를 표현해 보세요.

①

②

_____

③

④

_____

7 미션! 다음은 중국인이 인터넷에 접속하는 장소에 대한 조사 자료입니다. 자료를 보고 설명해 보세요.

〈中国人上网的地点〉

* 网吧 wǎngbā PC방
  其它 qítā 기타

한걸음 더

 147

보충 단어

■ **한자어 단어**

중국어에는 우리의 한자어 표현과 같거나 유사한 단어가 매우 많습니다. 한자어와 중국어를 비교하며 암기하면 중국어가 더 쉬워집니다.

过目　훑어보다
guòmù

解决　해결
jiějué

下降　하강
xiàjiàng

通知　통지(하다)·알리다
tōngzhī

规模　규모
guīmó

竞争　경쟁
jìngzhēng

激烈　격렬
jīliè

紧急会议　긴급 회의
jǐnjí huìyì

문화산책

숫자 1~10으로 시작하는 관용구입니다. 그 숨은 뜻을 알아봅시다.

- 一把手　　　yì bǎ shǒu　　　뛰어난 사람, 유능한 사람
- 二百五　　　èrbǎiwǔ　　　　바보
- 三只手　　　sānzhīshǒu　　　소매치기
- 四不像　　　sìbúxiàng　　　이것도 저것도 아니다
- 五颜六色　　wǔ yán liù sè　　각양각색
- 七嘴八舌　　qī zuǐ bā shé　　제각기 말을 하다
- 九牛二虎之力　jiǔ niú èr hǔ zhī lì　큰 힘, 큰 수고
- 十全十美　　shí quán shí měi　완전무결하다

12

今年的带薪年假你休了吗?

올해 연차휴가를 쓰셨나요?

이번 단원을 배우면!
· 중국의 기념일을 이해할 수 있다.
· 자신의 계획을 소개할 수 있다.

■ 중국의 전통명절과 각종 기념일을 들어 봅시다.

① 1月1日是元旦。

②

③

④

⑤

⑥

⑦

⑧

⑨

- 阴历 음력 农历 음력
  yīnlì nónglì

- 节日 기념일, 명절 元旦 신정 春节 춘절, 설 元宵节 정월대보름
  jiérì Yuándàn Chūnjié Yuánxiāo Jié

  情人节 여발렌타인데이 妇女节 여성의 날 劳动节 노동절 中秋节 추석
  Qíngrén Jié Fùnǚ Jié Láodòng Jié Zhōngqiū Jié

  国庆节 국경절 圣诞节 성탄절
  Guóqìng Jié Shèngdàn Jié

- 饺子 만두 鞭炮 폭죽 玫瑰花 장미꽃
  jiǎozi biānpào méiguihuā

  巧克力 초콜릿 月亮 달 月饼 월병
  qiǎokèlì yuèliang yuèbing

- 放 터트리다 送 보내다, 선물하다
  fàng sòng

■ '阴历'와 '农历'

'阴历'는 '农历'라고도 합니다. 중국의 전통 명절은 모두 음력을 기준으로 합니다. 춘절은 음력 1월 1일이고, 원소절은 음력 1월 15일이며, 중추절은 음력 8월 15일입니다.

■ 그림 쏙쏙 의 빈 칸을 채워 보세요.

[보기] ① 1月1日是元旦。

■ 서로 관련되는 것을 찾아 연결해 보세요.

ⓐ 春节 ·   · 吃 ·   · 月亮
ⓓ 中秋节 ·   · 看 ·   · 巧克力
ⓒ 情人节 ·   · 放 ·   · 鞭炮
ⓓ 元宵节 ·   · 送 ·   · 元宵

step 02 说一说

■ 李先生의 한 주 계획을 듣고 말해 봅시다. 🎧 150

周一	9：00	公司例会，布置本周工作
周二	14：00	去机场接机，从上海来的客户
周三	10：00	陪同客户参观工厂
周四	18：00	宴请客户
周五		和客户洽谈生意
周六		陪同客户打高尔夫，购物
周日		妻子生日

- 例会 정기모임　　客户 고객, 거래처　　工厂 공장　　生意 사업
  lìhuì　　　　　　kèhù　　　　　　　gōngchǎng　　shēngyì

  生日 생일
  shēngrì

151

- 打算 계획하다　　布置 계획하다　　接机 공항에 마중가다　　陪同 수행하다
  dǎsuan　　　　bùzhì　　　　　jiējī　　　　　　　　péitóng

  参观 참관하다　　宴请 연회로 대접하다　　洽谈 교섭하다　　购物 구매하다
  cānguān　　　yànqǐng　　　　　　qiàtán　　　　　gòuwù

- 本 자기 쪽의, 현재의
  běn

■ 지시대사 '本'

'**本 + 명사**'는 자기 쪽의 것, 혹은 현재의 것을 나타내며 서면어나 정식 자리에서 사용합니다.

- 本人　본인
  běn rén

- 本年　올해
  běn nián

- 本公司　우리 회사
  běn gōngsī

■ 打算

'**打算 + 동사**'는 '～할 예정이다, ～할 계획이다'의 뜻입니다.

- 我打算去机场接机。
  Wǒ dǎsuan qù jīchǎng jiējī.

  나는 공항에 마중 나갈 계획이다.

- 他打算参观工厂。
  Tā dǎsuan cānguān gōngchǎng.

  그는 공장을 참관할 예정이다.

- 我打算宴请客户。
  Wǒ dǎsuan yànqǐng kèhù.

  나는 고객을 식사 초대할 계획이다.

■ 그림 쏙쏙 을 다시 듣고 小王의 금주 계획이 무엇인지 말해 보세요.

보기　周二下午两点，他打算去机场接从上海来的客户。

■ 미션! 자신의 한 주 계획을 적고, 동료에게 소개해 보세요.

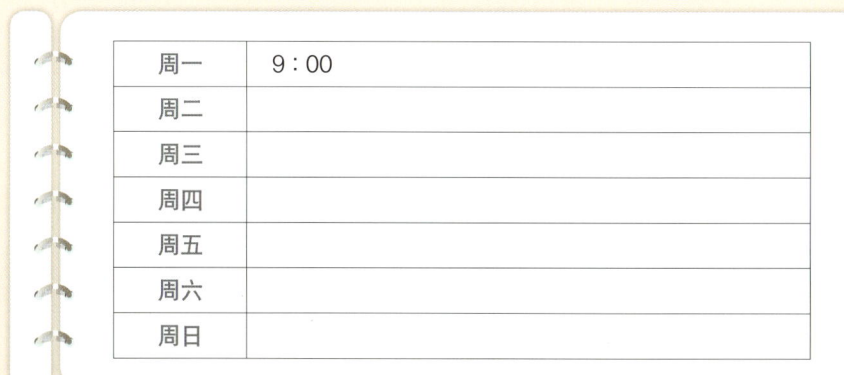

周一	9：00
周二	
周三	
周四	
周五	
周六	
周日	

■ 휴가 계획 🎧 152

小刘　圣诞节快到了，你们公司放几天假啊？
　　　Shèngdàn Jié kuài dào le, nǐmen gōngsī fàng jǐ tiān jià a?

小王　大概一个星期。
　　　Dàgài yí ge xīngqī.

小刘　那你打算怎么过？
　　　Nà nǐ dǎsuan zěnme guò?

小王　和家人一起去滑雪，过一个白色的圣诞节。你呢？
　　　Hé jiārén yìqǐ qù huáxuě, guò yí ge báisè de Shèngdàn Jié.　Nǐ ne?

小刘　没有什么计划，现在我只想在家睡觉，好好儿休息。
　　　Méiyǒu shénme jìhuà, xiànzài wǒ zhǐ xiǎng zài jiā shuìjiào, hǎohāor xiūxi.

● 放假 (학교나 직장이) 쉬다 fàngjià	过 지내다 guò	滑雪 스키 타다 huáxuě
● 大概 대략 dàgài	好好儿 잘 hǎohāor	只 단지, 그저 zhǐ

153

■ 휴가 신청 🎧 154

小李　怎么好久没看见你啊？
　　　Zěnme hǎojiǔ méi kànjiàn nǐ a?

小张　我去休假了。今年的带薪年假你休了吗？
　　　Wǒ qù xiūjià le.　Jīnnián de dàixīn niánjià nǐ xiū le ma?

小李　本来我打算五月休假，可是老板不批，
　　　Běnlái wǒ dǎsuan wǔ yuè xiūjià, kěshì lǎobǎn bù pī,

　　　所以我的计划泡汤了。
　　　suǒyí wǒ de jìhuà pàotāng le.

小张　看来你在公司很重要啊!
　　　Kànlái nǐ zài gōngsī hěn zhòngyào a!

小李　你别拿我开心了!
　　　Nǐ bié ná wǒ kāixīn le!

● 看见 보다, 보이다　　休假 휴가 보내다　　批 허가하다　　泡汤 물거품이 되다
　 kànjiàn　　　　　　xiūjià　　　　　　pī　　　　　pàotāng

● 拿…开心 ~를 놀리다
　 ná…kāixīn

● 好久 오랫동안　　本来 본래, 원래
　 hǎojiǔ　　　　　běnlái

● 带薪年假 연차유급휴가
　 dàixīn niánjià

■ 접속사 '那'

접속사 '那'는 앞 문장의 의미를 받아서, 있어야 할 결과나 내린 판단을 설명할 때 사용하는 표현입니다.

- 如果明天下雨，那我就不去了。
  Rúguǒ míngtiān xiàyǔ, nà wǒ jiù bú qù le.
  내일 비가 온다면, 그럼 난 안 갈래.

- A : 我很累。
  Wǒ hěn lèi.
  나 피곤해.

  B : 那你休息吧!
  Nà nǐ xiūxi ba!
  그럼 쉬어!

■ 本来……，可是……，所以……

'本来'의 뒤에는 이전에 발생했어야하는 일을 쓰고, '可是'의 뒤에는 일의 전환을 쓰며, '所以'의 뒤에는 일에 변화가 생긴 후의 결과를 써줍니다.

'本来 + 발생했어야 하는 일, 可是 + 사건의 전환, 所以 + 결과'

- 我本来打算去上海，可是他想去北京，所以我和他一起去北京了。
  Wǒ běnlái dǎsuan qù Shànghǎi, kěshì tā xiǎng qù Běijīng, suǒyǐ wǒ hé tā yìqǐ qù Běijīng le.
  나는 원래 상하이에 가려고 했는데 그가 베이징에 가고 싶어 해서 나는 그와 같이 베이징에 갔다.

- 我本来想喝可乐，可是没有，所以我买雪碧了。
  Wǒ běnlái xiǎng hē kělè, kěshì méiyǒu, suǒyǐ wǒ mǎi xuěbì le.
  나는 원래 콜라를 마시고 싶었는데, 없어서 사이다를 샀다.

도전 BCT 🎧

1 녹음을 잘 듣고 아래의 질문에 알맞은 답을 골라 보세요. 🎧 156

Q: 男的放假做什么了？

① 旅游   ② 在家休息   ③ 加班   ④ 和孩子玩儿

2 녹음을 잘 듣고 빈 칸을 채워 보세요. 🎧 157

中国有三个节日放假七天，_____\、_____\和_____\。春节的时候，
人们都回家_____\家人过节，或者和朋友们见面、吃饭、_____\。_____\，
旅游的人很多。

＊旅游 lǚyóu 여행하다

3 '本'을 사용해서 아래의 문장을 다시 써 보세요.

① 这个月的工作很多。   → _____

② 我的爱好是爬山。   → _____

③ 这个星期常常下雨。   → _____

④ 我们公司的生意很好。   → _____

4 접속사 '那'를 사용해서 아래의 대화를 완성해 보세요.

① Q: 下雨了。

     A: _____。

② Q: 我很累。

     A: _____。

③ Q: 我很喜欢这件衣服。

     A: _____。

5 다음을 '本来……, 可是……, 所以……'를 사용하여 표현해 보세요. ③은 자신의 생각을 직접 그려서 표현해 보세요.

①

本来 _____, 可是 _____, 所以 _____

②

本来 _____, 可是 _____, 所以 _____

③

本来 _____, 可是 _____, 所以 _____

6 미션! 두 사람이 한 조가 되어서 서로의 휴가 계획을 소개해 보세요.

보기

A : 圣诞节快到了。
Shèngdàn Jié kuài dào le.

你打算怎么过？
Nǐ dǎsuan zěnme guò?

B : 和家人一起去滑雪，你呢？
Hé jiārén yìqǐ qù huáxuě, nǐ ne?

보충 단어

元旦 (1월 1일) Yuándàn
원단은 우리의 '신정'에 해당하는 명절입니다. 12월 마지막 날 저녁부터 새해 첫날까지 중국 사람들은 모여서 TV에서 방송하는 새해 특별 프로그램과 화려한 불꽃놀이를 즐깁니다.

春节 (음 1월 1일) Chūnjié
우리의 설날과 같은 춘절은 일주일 간 쉽니다. 가족이 함께 모여 만두를 빚어 먹고, 세뱃돈을 빨간 봉투(红包 hóngbāo)에 담아 건네 줍니다. 악귀를 쫓는 의미로 폭죽(鞭炮 biānpào)을 시끄럽게 터뜨리기도 합니다.

元宵节 (음 1월 15일) Yuánxiāo Jié
우리의 정월대보름과 유사한 원소절은 가족들이 함께 모여 동그랗고 달콤한 원소(元宵 yuánxiāo)탕을 먹고, 환하게 밝힌 화등(花灯 huādēng)을 구경합니다.

妇女节 (3월 8일) Fùnǚ Jié
국제 여성의 날을 중국에서는 부녀절로 지정해서 기념하고 있습니다. 이 날에는 여성 고객을 위해 백화점에서 다양한 세일 행사를 갖기도 합니다.

劳动节 (5월 1일) Láodòng Jié
중국 노동절은 일주일간 휴일입니다. 외출하기 좋은 계절이라 많은 사람들이 노동절을 이용해 관광을 합니다.

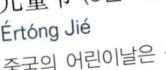

儿童节 (6월 1일) Értóng Jié
중국의 어린이날은 공휴일이 아닙니다. 하지만 자녀가 하나인 가정이 대부분인 중국에서는 어린이를 위한 다양한 행사가 펼쳐집니다.

端午节 (음 5월 5일) Duānwǔ Jié
중국은 단오절에 대나무에 찹쌀밥을 싸서 찐 종자(粽子 zòngzi)를 먹습니다. 또한 용머리 모양의 배 경주도 합니다.

国庆节 (10월 1일) Guóqìng Jié
국경절은 중화인민공화국 건국 기념일입니다. 일주일의 긴 휴일이 있기 때문에 노동절과 더불어서 '황금주(黄金周 huángjīnzhōu)'라고 합니다.

中秋节 (음 8월 15일) Zhōngqiū Jié
중추절은 우리의 '추석'에 해당하는 명절입니다. 가족들이 함께 모여서 달구경(赏月 shǎngyuè)도 하고, 월병(月饼 yuèbing)을 먹거나 선물을 하기도 합니다.

부록편

듣기 대본 및 정답

발음편 발음

p.017

1 ① □ bā   ☑ bá
   ② □ má   ☑ mà
   ③ ☑ dǎ   □ dá
   ④ ☑ nā   □ nà

p.019

1 ① ☑ de   □ ne
   ② ☑ ji   □ zhi
   ③ □ po   ☑ fo
   ④ ☑ shi   □ si

2 ① cha   ② zi
   ③ re   ④ qi

p.021

1 ① ☑ nǎi   □ něi
   ② ☑ gāo   □ gōu
   ③ ☑ kàn   □ kèn
   ④ □ páng   ☑ péng

2 ① zhè   ② fēi
   ③ tóu   ④ sòng

p.023

1 ① □ guò   ☑ guà
   ② ☑ yuán   □ wán
   ③ ☑ duǎn   □ dǔn
   ④ □ shāng   ☑ shuāng

2 ① chuáng   ② zǒng
   ③ kuài   ④ liǎng

p.026

2 ① miànbāo
   ② xiāofèi
   ③ sānmíngzhì
   ④ chūzūchē

3 ① shàngbān
   ② wèishénme
   ③ zhíyuán
   ④ nuǎnhuo

4 ① dǎoméi
   ② fēicháng
   ③ niúnǎi
   ④ gōnggòngqìchē

5 ① shuíguǒ
   ② yīnggāi
   ③ xiāofèi
   ④ wǎnfàn

제1과 얼마입니까?

p.028

① 一百块
② 五十块
③ 十块
④ 二十块

⑤ 两块
⑥ 两毛

p.029

2　ⓐ 二(两)百六十八块
　　ⓑ 五十三块六
　　ⓒ 一百零九块
　　ⓓ 八百八十块

p.030

① 一瓶可乐四块
② 一盒牛奶九块八
③ 一个三明治三块五
④ 一双鞋两百零八块
⑤ 一件T恤一百六十六块
⑥ 一顶帽子十七块

p.031

ⓐ ☑ 七元　　　　　□ 九元
ⓑ □ 4.5元　　　　☑ 8.5元
ⓒ ☑ 76.8元　　　　□ 70.6元

p.035

1　① 504元
　　② 119.3元
　　③ 220元
　　④ 949.88元

2　① 100美元换682元人民币
　　② 100日元换7元人民币
　　③ 100韩币换0.56元人民币

3
> A 师傅，我要一盒牛奶，一个三明
> 　治，一共多少钱？
> B 一盒牛奶4块，一个三明治14块，
> 　一共18块。
> A 给您20块。
> B 找您两块。

① ○　　　　　　② ×
③ ×　　　　　　④ ○

4　① 我给售货员钱。
　　② 我要买这双鞋。
　　③ 三件T恤一共四百九十八块。
　　④ 我找您钱。

제2과　몇 시에 출근하세요?

p.038

① 2008年8月8日星期五
② 上午九点十分
③ 晚上八点十五分 (晚上八点一刻)
④ 下午两点三十分 (下午两点半)
⑤ 早上六点四十五分 (早上六点三刻)
⑥ 中午十二点二十分

p.039

ⓐ 一九九九年二月二十二日星期一下午四
　点半
ⓑ 二零零七年五月一日星期二中午十二点
ⓒ 二零一零年九月十九日星期天上午九点
　二十五分

p.040

① 她早上六点三刻起床。
② 他早上七点洗澡。
③ 他上午八点半上班。
④ 她中午十二点一刻吃午饭。
⑤ 她星期六下午两点学习汉语。
⑥ 她下午六点下班。
⑦ 他晚上八点五分看电视。
⑧ 他晚上十一点半睡觉。

p.045

1　① c

> 今天12月24日。明天几月几日？

　② b

> 昨天星期二。明天星期几？

2　① 今天5月8号。
　　② 昨天星期四。
　　③ 我每天下午三点学习。
　　④ 他早上七点半起床。

3
> 　　　今天星期三，我早上七点起床，七点半吃早饭。八点一刻出门，九点上班。中午十二点吃午饭，一点上班，下午五点下班。

4　① 你几点起床？
　　② 他昨天晚上几点睡觉？
　　③ 你什么时候上班？
　　④ 我每个星期天上午学习汉语。

p.048

① 电话号码是62751916。
② 电话号码是58208275。
③ 传真号码是84061574。
④ 手机号码是13867474516。
⑤ 手机号码是13352648917。
⑥ 伊妹儿是cat@hotmail.com。

p.049

2　ⓐ sì wǔ liù bā jiǔ sì wǔ sān
　　ⓑ qī èr yāo líng wǔ bā liù liù
　　ⓒ bā èr qī wǔ liù sān èr liù
　　ⓓ yāo sān sì líng wǔ èr bā jiǔ sì sān qī
　　ⓔ yāo sān liù líng bā jiǔ èr sì wǔ qī líng
　　ⓕ líng yāo líng sān sān qī yāo bā sān qī

p.050

张经理的手机号码是13829340567。
王副经理的手机号码是13701329876。
刘秘书的传真号码是83510202。
大明公司的电话号码是88021919。
赵律师的手机号码是13320963785。

赵律师的伊妹儿是zhao@yahoo.com。

p.051

1　ⓐ 这是公司的传真号码。
　　ⓑ 这是刘副经理的手机号码。
　　ⓒ 她是王经理的秘书。

p.055

1　① 我的手机号码是13907483720。
　　② 公司的电话号码是64813897。
　　③ 经理的手机号码是13254039824。
　　④ 他的电话号码是87250519。

2　　　张华是大明公司的秘书，他的手机号码是13245876901，他的伊妹儿是zhang@sina.com，你可以给他打电话，可以给他发伊妹儿。

3　① 他是张经理吗？
　　② 我可以给您打电话吗？
　　③ 你要可乐吗？
　　④ 你学习汉语吗？

4　① 你星期三可以学习汉语吗？
　　② 我给他发电子邮件。
　　③ 你给张经理打电话。
　　④ 这不是我的名片。

5　왕 사장님의 휴대전화 번호는 13901327688이고, 그의 이메일은 wang@hotmail.com입니다. 당신은 그에게 전화를 걸어도 되고, 이메일을 보내도 됩니다.

p.060

我有父亲，母亲，一个哥哥。
我父亲五十八岁。
我母亲五十六岁。
我哥哥三十岁。
我二十五岁。

p.061

① 他是我丈夫。
② 她是我妻子。
③ 他是我儿子。
④ 他是我父亲。
⑤ 她是我女儿。
⑥ 她是我母亲。
⑦ 他是我哥哥。
⑧ 她是我妹妹。

p.067

1 ① 我家有<u>三口人</u>，丈夫、儿子和我。
   ② 父亲在医院<u>工作</u>，母亲是银行职员。
   ③ 大哥今年<u>42岁</u>，二哥40岁，我<u>37岁</u>。

2 男 这个人是谁？
   女 是我大弟。
   男 你有几个弟弟？
   女 两个。
   男 你的两个弟弟多大？
   女 大弟20岁，二弟17岁。
   男 是吗？我也有两个弟弟，大弟17岁，二弟15岁。

   ① ○
   ② ×
   ③ ○

3 ① 我家有四口人。
   ② 他在公司工作。
   ③ 大姐没有工作。
   ④ 我买一个三明治和一瓶可乐。

4 ① 也星期二上班。
   ② 也是律师。
   ③ 也买一件衣服。
   ④ 也有妹妹。

5 ① 他给你什么？
   ② 他姐姐多大？
   ③ 她是谁？
   ④ 小刘在哪儿工作？

⑤ 谁是经理？
⑥ 你家有几口人？

p.069

① 爷爷   ② 奶奶
③ 姥爷   ④ 姥姥
⑤ 伯伯   ⑥ 叔叔
⑦ 姑姑   ⑧ 舅舅
⑨ 姨母   ⑩ 嫂子

제5과 마파두부 하나 주세요.

p.072

① 四瓶啤酒
② 两杯果汁
③ 一壶茶
④ 三听雪碧
⑤ 一盘宫保鸡丁
⑥ 一盘西红柿炒鸡蛋
⑦ 一只烤鸭
⑧ 一盘麻婆豆腐
⑨ 半斤饺子
⑩ 两碗米饭
⑪ 一碗面条

p.073

2 ⓐ 半瓶可乐
   ⓑ 两碗半米饭
   ⓒ 两斤半饺子

p.074

① 请坐吧!
② 请点菜吧!
③ 请吃吧!
④ 来一只烤鸭。
⑤ 来半斤饺子。
⑥ 来两碗米饭。
⑦ 很辣。

⑧ 很酸。
⑨ 很甜。

p.080

1 ① 我不喜欢吃辣的菜。
  ② 来两瓶啤酒!
  ③ 他们要三碗米饭。
  ④ 您几位?
  ⑤ 请稍等!
  ⑥ 开一张发票吧。

2 ① 个
  ② 位
  ③ 口, 个

3 ① 请坐吧!
  ② 请点菜吧!
  ③ 请吃吧!

4 ① 他们
  ② 人们
  ③ 律师们
  ④ 哥哥们
  ⑤ 妹妹们
  ⑥ 秘书们

5 ① 我有三个ⓐ妹妹。
  ② 经理有两个ⓑ秘书。
  ③ 这个菜ⓐ有点儿甜, 我不想吃。
  ④ 请快ⓑ一点儿吧!

6 ① 我想吃半斤饺子。
  ② 姐姐最喜欢的菜是宫保鸡丁。
  ③ 请坐这儿吧!
  ④ 这个菜很辣。

제6과 저는 택시를 타고 회사에 갑니다.

p.084

① 公共汽车很便宜。
② 出租车很贵。
③ 私家车很方便。

④ 自行车有点儿慢。
⑤ 摩托车很快。
⑥ 地铁有点儿麻烦。
⑦ 火车很快。
⑧ 飞机真快。

p.085

1 ⓐ 晚   ⓑ 贵
  ⓒ 年轻   ⓓ 方便
  ⓔ 慢   ⓕ 饿

2 〈예시 답안〉
  ⓐ 最便宜   ⓑ 很幸福
  ⓒ 有点儿麻烦 ⓓ 真贵

p.086

① 他骑自行车去商店。
② 他坐出租车去机场。
③ 他坐飞机去中国。
④ 她开车去公司。
⑤ 她走路回家。
⑥ 她坐火车去上海。

p.087

ⓐ 李经理比张经理年轻。
ⓑ 飞机比火车快。
ⓒ 饭馆A的客人比饭馆B(的客人)多。

p.091

1 ① 张经理开私家车去公司。
  ② 我每天打的回家。
  ③ 坐飞机比坐火车快。
  ④ 地铁比公共汽车方便。

2
  我每天坐公共汽车去上班, 公共
  汽车很便宜, 也很方便, 可是坐
  公共汽车的人太多了, 也经常堵车, 今天
  我又迟到了。

  ① ○   ② ×
  ③ ×   ④ ×

3 ① 太累了。
  ② 太辣了。
  ③ 太贵了。

4 ① 你怎么去公司?
  ② 他怎么迟到了?
  ③ 你怎么想睡觉?

제7과 날씨가 갈수록 더워집니다.

p.094

① 今天是晴天，最高气温30度，最低气温23度。
② 今天是阴天，最高气温17度，最低气温9度。
③ 今天下雨，最高气温18度，最低气温10度。
④ 今天阴转小雨，最高气温13度，最低气温2度。
⑤ 今天少雾，最高气温35度，最低气温28度。
⑥ 今天刮风，最高气温27度，最低气温16度。
⑦ 今天下雪，最高气温0度，最低气温零下3度。
⑧ 今天多云，最高气温25度，最低气温19度。

p.096

一年有四个季节，春天、夏天、秋天和冬天。
从三月到五月是春天。
春天很暖和，有时候刮风，很少下雨。
从六月到八月是夏天，
夏天很热，经常下大雨。
从九月到十一月是秋天，
秋天不冷不热，很凉快，很舒服。
从十二月到二月是冬天，
冬天很冷，经常下雪。

p.097

2 ⓐ 下雨   ⓑ 冷，热

p.101

1 ① 今天的最高气温是32度。
  ② 我不喜欢下雨。
  ③ 今天有大雾。
  ④ 刮大风了。

2
> 春天快到了，就是我最喜欢的季节，不冷不热，很舒服。我也喜欢夏天，可以去游泳。我最不喜欢冬天，太冷了，下大雪。

  ① ×
  ② ×
  ③ ○

3 ① 别买衣服。
  ② 别开车。
  ③ 别睡觉。

4 ① 他一回家就吃饭。
  ② 她一学习汉语就想睡觉。
  ③ 我一到公司就工作。
  ④ 在冬天一下雪就堵车。

5 ① 快下班了。
  ② 地铁快到了。
  ③ 快三点了。

6 ① 速度越来越快。
  ② 年龄越来越年轻。
  ③ 价格越来越便宜。

7 ① 没下雨。
  ② 他没睡觉。
  ③ 我没吃饭。
  ④ 早上没堵车。

8 ① 我今天又迟到了!
  ② 这件衣服不大不小。
  ③ 春天到了，很少下雨。
  ④ 我有时侯去游泳。

p.106

① 一件衬衣
② 一套西服
③ 五条领带
④ 一套套裙
⑤ 一件晚礼服
⑥ 一件夹克
⑦ 一条牛仔裤
⑧ 一件毛衣
⑨ 一副眼镜
⑩ 两顶帽子
⑪ 一双皮鞋
⑫ 一套内衣

p.107

ⓐ 件
ⓑ 条
ⓒ 双
ⓓ 套

p.108

① 他穿着一套黑色的西服，戴着一副眼镜，系着一条绿色的领带。
② 他穿着一件灰色的T恤，一条蓝色的牛仔裤，戴着一顶黄色的帽子。
③ 她穿着一套粉红色的套裙，一双皮鞋。

p.113

1 ②

> A 谁是小王?
> B 他穿着一件蓝色的衬衣，一条黑色的裤子，一双皮鞋，戴着一副眼镜。

2 　　李明是大明公司的总经理。经常有重要的会议，所以他每天上班都穿正式的衣服。只有周末的时候，他才穿休闲服。

3 ① 这是自行车，那是摩托车
　 ② 这位是张经理，那位是李经理。
　 ③ 这是饭馆，那是洗衣店。

4

> 男 您好!
> 女 您好! 这件毛衣需要干洗，这套套裙需要水洗。
> 男 两条领带需要干洗吗?
> 女 蓝色的领带需要干洗，红色的领带不须要干洗。
> 男 好的，我记一下。
> 女 什么时候可以取?
> 男 后天晚上。

① ✕　　　　② ◯
③ ✕　　　　④ ✕

5 〈예시 답안〉
① 我很累，所以睡觉了。
② 这个菜太辣了，所以我不想吃。
③ 下大雨了，可是我没带雨伞，所以他借给我一把。

6 ① 只有晴天，我才能骑自行车去上班。
　 ② 只有堵车，我才迟到。
　 ③ 只有烤鸭，我才吃饭。

p.118

① 他喜欢听音乐。
② 我喜欢看电影。
③ 她喜欢爬山。
④ 他们喜欢打高尔夫。
⑤ 我喜欢逛街。
⑥ 我们喜欢打网球。
⑦ 她喜欢跑步。
⑧ 他喜欢玩儿电子游戏。
⑨ 她们喜欢聊天儿。

p.119

ⓐ 나는 매일 택시를 타고 출근한다.
ⓑ 형은 테니스 치는 것을 좋아한다.
ⓒ 내일 너는 반드시 나에게 전화를 해야 한다.

p.123

1 ⓐ 音乐
   ⓑ 高尔夫
   ⓒ 电子游戏
   ⓓ 山

2 ⓐ 电影迷
   ⓑ 电子游戏迷
   ⓒ 音乐迷
   ⓓ 网球迷
   ⓔ 电视剧迷
   ⓕ 学习狂

3 ⓐ 他正在吃饭。
   ⓑ 他正在睡觉。
   ⓒ 他正在买一个三明治。
   ⓓ 他正在点菜。
   ⓔ 他正在洗澡。
   ⓕ 他正在工作。

p.126

1 ① 我对汉语很感兴趣。
   ② 他喜欢每天晚上跑步。
   ③ 妈妈的爱好是看电视剧。

2 | | |
   | --- | --- |
   | 女 | 你去哪儿? |
   | 男 | 我去打高尔夫。你喜欢打吗? |
   | 女 | 我也喜欢。你什么时候去打高尔夫? |
   | 男 | 周六如果有时间，我就和朋友们一起去打高尔夫。 |

   ① ×
   ② ×
   ③ ○

3 ① 如果明天是晴天，我就去爬山。
   ② 如果下大雨，我就打的去。

   ③ 如果在公司工作，我就穿西服。
   ④ 如果这件衣服三百块，我就不买。

4 ① 父亲、母亲和我都是律师。
   ② 星期一、星期二、星期三都下雨。
   ③ 我的朋友们都喜欢爬山。
   ④ 饭馆的菜都有点儿辣。

5 ① 好吃是好吃，不过很辣。
   ② 贵是贵，不过我买了。
   ③ 便宜是便宜，不过坐公共汽车的人太多了。
   ④ 累是累，不过可以锻炼身体。

6 ① Q : 我们逛街吧!
     A : 不行，我得游泳。
   ③ Q : 我们聊天吧!
     A : 不行，我得工作。

제10과 저는 2000년에 일을 시작했습니다.

p.130

① 他吃过北京烤鸭。
② 他去过上海。
③ 他打过高尔夫。
④ 他坐过飞机。
⑤ 他在星期天加过班。
⑥ 他发过传真。
⑦ 他骑过自行车。
⑧ 他学过汉语。
⑨ 他玩儿过电子游戏。

p.132

① 她是2000年毕业的。
② 他们是在教堂结婚的。
③ 她是坐飞机去出差的。
④ 我们是小王介绍才认识的。
⑤ 他们是在酒吧见面的。
⑥ 她是从2002年开始工作的。

p.137

1

> A 小王去哪儿了？
> B 他去上海出差了。
> A 什么时候去的？
> B 昨天下午。
> A 是坐飞机去的吗？
> B 是。
> A 是一个人去的吗？
> B 不是，是和老李一起去的。

① ○
② ×
③ ×
④ ○

2 我叫张名，北京人，今年34岁。我是1997年大学毕业的，当过两年秘书，很想在你们公司工作。

3
① 我在北京大学学习了两年汉语。
② 他在公司工作了五天。
③ 我们上了三个小时课。
④ 下了两天雨。

4
① 从6日到8日一直下雨。
② 她从一月到二月一直在中国。
③ 他从两点到五点一直睡觉。
④ 她从九点到十点一直打电话。

5 〈예시 답안〉
① Q：你去过中国吗？
　 A：去过。 / 没去过。
　 Q：你是什么时候去的？
　 A：是去年夏天去的。
② Q：你吃饭了吗？
　 A：吃饭了。 / 没吃饭。
　 Q：你是在哪儿吃的？
　 A：是在家吃的。

p.142

　　这是公司职员的人数柱形图。公司一共有三百名职员，其中一百名是女职员，二百名是男职员。
　　男职员占公司职员的三分之二，女职员占公司职员的三分之一。男职员是女职员的两倍。

p.143

2
ⓐ 五分之三
ⓑ 十分之一
ⓒ 百分之七十二
ⓓ 零点六二
ⓔ 七十九点一九
ⓕ 零点零零八

p.147

ⓐ 蓝色的车比红色的车早二十分钟。
ⓑ 姐姐比妹妹大五岁。
ⓒ 宫保鸡丁比西红柿炒鸡蛋贵六块。
ⓓ 小王的家人比小李的家人少三名。

p.150

1
① 76%　　　② 4/7
③ 25.78　　④ 54.3

2
① 大明公司一共有职员420名左右，其中男职员是女职员的1.5倍。
② 今年公司的销售量比去年增长了百分之二十一。

3
① 21是3的七倍，7的三倍。
② 120是60的两倍，2的六十倍。
③ 254是88的三倍，3的八十八倍。

4
① 马上　　　② 对面
③ 之间　　　④ 其中
⑤ 过目　　　⑥ 新

5 〈예시 답안〉
   ① 虽然今天星期六
   ② 虽然我大学毕业
   ③ 虽然公共汽车很便宜
   ④ 虽然我想跟你一起玩儿

6 ① 八点堵车了，九点还堵车。
   ② 她还穿这件衣服。
   ③ 今天还是三十五度。
   ④ 2004年公司职员还是300名

제12과 올해 연차휴가를 쓰셨나요?

p.154

① 1月1日是元旦。
② 农历1月1日是春节。
③ 农历1月15日是元宵节。
④ 2月14日是情人节。
⑤ 3月8日是妇女节。
⑥ 5月1日是劳动节。
⑦ 农历8月15日是中秋节。
⑧ 10月1日是国庆节。
⑨ 12月25日是圣诞节。

p.155

ⓐ 春节 – 放 – 鞭炮
ⓑ 中秋节 – 看 – 月亮
ⓒ 情人节 – 送 – 巧克力
ⓓ 元宵节 – 吃 – 元宵

p.156

周一早上九点，我有公司例会，打算布置本周工作。

周二下午两点，我打算去机场接机，从上海来的客户。
周三上午十点，我打算陪同客户参观工厂。
周四晚上六点，我打算宴请客户。
周五，我打算和客户洽谈生意。
周六，我打算陪同客户打高尔夫，购物。
周日是我妻子的生日。

p.161

1 ③

男	放假去哪儿玩儿了？
女	和孩子一起去游泳了。你呢？
男	本来我打算在家好好儿休息，可是来了重要客户，所以加班了。

2   中国有三个节日放假七天，春节、劳动节和国庆节。春节的时候，人们都回家陪同家人过节，或者和朋友们见面、吃饭、聊天儿。五一和十一，旅游的人很多。

3 ① 本月的工作很多。
   ② 本人的爱好是爬山。
   ③ 本周常常下雨。
   ④ 本公司的生意很好。

4 〈예시 답안〉
   ① 那你别去爬山吧。
   ② 那你休息吧。
   ③ 那你就买吧。

5 ① 本来她想打高尔夫，可是刮大风，所以看电影了。
   ② 本来他想买衣服，可是没有钱，所以没买。

본문 해석

제1과 얼마입니까?

step3 练一练

1 아저씨   콜라 한 캔, 우유 한 팩, 샌드위치 한 개, 모두 17.3위안입니다.
  고객   20위안 드릴게요.
  아저씨   2.7위안 거슬러 드리겠습니다.

2 고객   이 티셔츠와 이 신발을 사려고요.
  판매원   티셔츠는 166위안, 신발은 208위안, 모두 374위안이네요.
  고객   380위안 드릴게요.
  판매원   6위안 거슬러 드릴게요.

제2과 몇 시에 출근하세요?

step3 练一练

1 샤오왕   지금 몇 시니?
  샤오리   지금 3시 15분이야.
  샤오왕   오늘은 몇 월 며칠이니?
  샤오리   오늘은 6월 8일이야.

2 샤오리우   어제는 무슨 요일이었죠?
  샤오짱   어제는 수요일이었어요.
  샤오리우   내일은 무슨 요일이죠?
  샤오짱   내일은 금요일이에요.

3 샤오왕   매일 몇 시에 자니?
  샤오리우   나는 매일 저녁 12시에 자.
  샤오왕   언제 중국어를 배우니?
  샤오리우   나는 매주 토요일에 중국어를 배워.

제3과 제 명함입니다.

step3 练一练

1 조 사장   당신이 장 선생님이십니까?
  장 선생   네, 당신은요?
  조 사장   저는 따밍 회사의 조 사장입니다.
  장 선생   조 사장님, 안녕하세요! 제 명함입니다.
  조 사장   감사합니다!

2 장 변호사   유 비서, 왕 사장님과 통화하고 싶은데요.
  유 비서   안 계시는데요, 사장님께 전화하셔도 되고, 이메일을 보내셔도 됩니다.
  장 변호사   왕 사장님의 휴대전화 번호가 몇 번이죠?
  유 비서   사장님의 휴대전화 번호는 13901327688입니다.
  장 변호사   고마워요!
  유 비서   별말씀을요!

제4과 제 아버지는 은행원이십니다.

step2 说一说

우리 가족은 아버지, 어머니, 두 누나와 저, 다섯 식구입니다. 아버지는 올해 58세이시고 은행원이십니다. 어머니는 올해 53세이시고, 직장에 다니시진 않습니다. 큰 누나는 35세이고 의사입니다. 둘째 누나는 30세이며 변호사입니다. 저는 올해 27세이며 회사에서 일합니다.

1 샤오짱 가족이 몇 식구세요?
   이 선생 네 식구에요. 부인, 아들, 딸, 그리고 저에요.
   샤오짱 이건 뭐지요? 가족사진인가요?
   이 선생 네.
   샤오짱 정말 행복한 한 가족이네요.

2 샤오리우 이 사람은 누구니?
   샤오왕 내 남동생이야.
   샤오리우 올해 몇 살이니?
   샤오왕 27살이야.
   샤오리우 진짜 젊다! 어디서 일하는데?
   샤오왕 회사에서 일해.
   샤오리우 무슨 일 하니?
   샤오왕 회계사야. 너는?
   샤오리우 나도 회사에서 일하지, 비서야.

제5과 마파두부 하나 주세요.

1 종업원 선생님, 몇 분이십니까?
   손님 A 두 명입니다.
   종업원 안으로 들어오시죠. 여기 앉으세요! 메뉴판 드릴게요.
   손님 A 고맙습니다.

2 손님 A 뭐 드시고 싶으세요?
   손님 B 요리의 이름을 모르겠어요. 조금 맵고, 두부가 있었는데…….
   손님 A 마파두부죠?
   손님 B 마파두부네요. 뭐 드실래요?
   손님 A 전 새콤달콤한 요리를 좋아해요. 가장 좋아하는 음식이 토마토계란볶음이죠.

3 손님 A 종업원, 주문이요!
   손님 B 마파두부 하나, 토마토계란볶음 하나, 공기밥 두 그릇 주세요.
   손님 A 매우 배고프니, 좀 빨리 주세요.
   종업원 네. 조금만 기다리세요.

4 손님 B 배부르네요. 계산하죠!
   손님 A 종업원, 계산서 주세요!
   종업원 모두 25위안입니다.
   손님 A 돈 드릴게요. 영수증 발급해 주세요.

제6과 저는 택시를 타고 회사에 갑니다.

1 샤오왕 너 매일 어떻게 출근해?
   샤오리우 난 택시 타고 출근해. 너는?
   샤오왕 택시는 너무 비싸잖아, 나는 자전거 타고 출근해
   샤오리우 피곤하지 않아?
   샤오왕 안 피곤해. 게다가 운동도 할 수 있잖아.

2 정말 재수없다. 나는 오늘 아침에 또 지각했다! 회사는 우리 집에서 멀어서, 차를 몰아 출근하면 편리하지만 자주 길이 막힌다. 택시를 타는 것은 너무 비싸다. 버스나 지하철을 타는 사람도 너무 많아서 매우 불편하다. 자전거 타기는 너무 피곤하다. 난 어떻게 해야 하지?

제7과 날씨가 갈수록 더워집니다.

일 년은 봄, 여름, 가을, 겨울 네 개의 계절이 있습니다. 3월부터 5월까지는 봄인데, 봄은 따뜻하고, 때로 바람이 불고, 비가 거의 오지 않습니다.
6월부터 8월까지는 여름인데, 여름은 매우 덥고, 큰 비가 자주 옵니다.
9월부터 11월까지는 가을인데, 가을은 춥지도 않고 덥지도 않으며, 서늘하여 매우 편안합니다.
12월부터 2월까지는 겨울인데, 겨울은 매우 춥고 자주 눈이 옵니다.

1 샤오짱 날씨가 흐리네! 곧 비가 내리려나?
   샤오리 일기예보에서 오늘은 소나기가 온다고 했어요.
   샤오짱 그래요? 야단났네, 전 우산을 안 가져 왔어요.
   샤오리 걱정하지 마세요, 제게 우산이 두 개 있는데 하나 빌려드릴게요.
   샤오짱 정말 고마워요!
   샤오리 천만에요!

2 샤오리우 날씨가 갈수록 더워져, 여름이 곧 오겠어.

샤오왕　나는 여름이 제일 싫어.

샤오리우　왜?

샤오왕　너무 더워. 움직이기만 하면 땀이 나잖아.

샤오리우　그래도 나는 여름이 좋아. 바다에 가서 수영할 수 있잖아.

제8과　그는 양복을 입고 있습니다.

step2 说一说

1 그는 검은색 양복 한 벌을 입고 있고, 안경을 썼으며 초록색 넥타이를 매고 있다.

2 그는 회색 티와 파란색 청바지를 입고 있고 노란색 모자를 쓰고 있다.

3 그녀는 분홍색 투피스 한 벌을 입고 있고 구두를 신고 있다.

step3 练一练

1 이 선생　내일 회사에 중요한 회의가 있는데, 나 뭘 입으면 좋을까?

부인　흰색 셔츠에 저 회색 양복을 입어 봐.

이 선생　무슨 색 넥타이를 매지?

부인　파란색이 정식이고, 회색과 흰색에도 잘 어울리니깐 파란색 넥타이를 매 봐.

이 선생　좋아. 당신 말 들을게.

2 샤오왕　이 청바지 두 벌은 물세탁 해야 하고요, 이 모직 옷 두 벌은 드라이클리닝 해야 해요.

종업원　네, 기억해 둘게요.

샤오왕　언제쯤 가져갈 수 있나요?

종업원　모레 오후에요.

3 내가 가장 좋아하는 옷은 티셔츠, 청바지인데, 회사에서는 출근할 때 꼭 양복에 넥타이를 맬 것을 요구한다. 그래서 나는 주말에만 겨우 평상복을 입을 수 있다.

제9과　사장님은 일벌레입니다.

step2 说一说

1 샤오리　내일 일요일인데, 우리 골프 치러 가자.

샤오왕　안 돼. 나 내일 추가근무 해야 하거든.

샤오리　너희 회사는 어떻게 늘 추가근무냐?

샤오왕　왜냐하면, 우리 사장님이 일벌레거든! 그의 가장 큰 취미가 일이야!

2 이 선생　빨리 스포츠 채널로 돌려 봐. 축구 경기가 곧 시작할 거야.

부인　안 돼. 나 지금 드라마 보고 있잖아!

이 선생　부탁할게, 이번 경기 진짜 중요해!

부인　당신 정말 축구광이야!

step3 练一练

나는 취미가 아주 많다. 예를 들어, 음악 듣기, 영화 보기, 테니스 치기가 있다. 그러나 내가 제일 좋아하는 것은 테니스 치는 것이다. 월요일부터 금요일까지는 모두 출근해야 해서 시간이 없다. 토요일과 일요일에 추가근무를 하지 않으면 친구들과 테니스를 치러 간다. 테니스 치는 것이 피곤하기는 하지만, 체력을 단련시킬 수 있고, 마음도 편안해진다.

제10과　저는 2000년에 일을 시작했습니다.

step3 练一练

1990년부터 1994년까지 저는 북방대학교에서 학사 과정을 이수했습니다. 전공은 경영학이고 졸업 후에 97년까지 3년 동안 MBA 과정을 이수했습니다. 그 후에 97년부터 2000년까지 남방대학교에서 경제학 박사학위를 취득했습니다. 저의 첫 직업은 따밍회사의 직원이었고, 나중에 사장 보좌관이 되었습니다. 2005년부터 지금까지 계속 동방회사에서 마케팅팀 팀장으로 있습니다.

이것은 회사 직원 수에 대한 막대그래프입니다. 회사에는 모두 300명의 직원이 있고, 그중에 100명이 여자 직원이며, 200명이 남자 직원입니다. 남자 직원은 회사 직원의 3분의 2를 차지하고, 여자 직원은 회사 직원의 3분의 1을 차지합니다. 남자 직원은 여자 직원의 두 배입니다.

1 샤오리   사장님, 이번 달의 판매 상황입니다. 검토해주십시오.
   조 사장   어떻게 지난 달에 비해서 10% 감소했습니까?
   샤오리   최근에 저희 맞은편에 마트가 새로 생겼는데, 그래서……
   조 사장   가서 영업부 직원에게 오후에 긴급회의를 열어 해결방법을 논의하자고 알리세요.
   샤오리   네, 바로 가겠습니다.

2 샤오왕   우리 회사 또 신입사원 모집하려고 하더군.
   샤오짱   몇 명 모집할 계획이래?
   샤오왕   50명, 작년보다 20%가량 늘었어.
   샤오짱   보아하니, 회사의 규모가 갈수록 커지는군.
   샤오왕   그래, 회사 직원 간의 경쟁도 갈수록 격렬해지고 있지.

이 도표는 80년과 95년 세계 1인당 평균 맥주 소비량의 변화에 대한 것입니다. 도표에서 알 수 있듯이, 북미지역과 유럽지역의 평균 맥주 소비량은 매우 많습니다. 그러나 95년도는 80년도에 비해서 다소 감소했습니다. 남미와 아시아 그리고 중국의 80년도 평균 맥주 소비량은 많지 않습니다. 그러나 80년도에 비해서 95년도에 눈에 띄게 증가 했습니다. 그중에 가장 많이 증가한 곳은 남미입니다. 이미 유럽의 소비량에 근접하고, 세계 평균 맥주 소비량을 넘어섰습니다. 아시아와 중국의 95년도 맥주 소비량은 비록 증가하기는 했지만, 95년도 세계 1인당 평균 맥주 소비량에 비해서는 아직도 50%가량 낮다.

1 샤오리우   곧 있으면 성탄절인데, 너희 회사는 며칠 휴가야?
   샤오왕   일주일 정도.
   샤오리우   그럼 어떻게 보낼 계획이야?
   샤오왕   가족들과 같이 스키 타러 가서 화이트 크리스마스를 보내려고. 너는?
   샤오리우   별다른 계획 없어, 지금은 그냥 집에서 잠이나 자면서 잘 쉬고 싶어.

2 샤오리   왜 오랫동안 너를 못 봤지?
   샤오짱   나 휴가 냈었어. 너 올해 연차휴가 썼니?
   샤오리   원래 5월에 휴가를 내려고 했는데, 사장님께서 허락을 안 해주셔서 내 계획이 물거품 됐어.
   샤오짱   보아하니 너 회사에서 중요한 사람이구나!
   샤오리   나 갖고 놀리지 마!

어휘 색인

핵심 문장 카드

예쁘게 오려서
가방에 쏙!

01

我要买这双鞋。

저는 이 신발을 사고 싶습니다.

Wǒ yào mǎi zhè shuāng xié.

05

现在几点?

지금 몇 시입니까?

Xiànzài jǐ diǎn?

02

一瓶可乐多少钱?

콜라 한 병에 얼마입니까?

Yì píng kělè duōshao qián?

06

今天几月几号?

오늘은 몇 월 며칠입니까?

Jīntiān jǐ yuè jǐ hào?

03

给您20块。

20위안 드리겠습니다.

Gěi nín èrshí kuài.

07

你什么时候学习汉语?

당신은 언제 중국어를 공부합니까?

Nǐ shénme shíhou xuéxí Hànyǔ?

04

找您两块七。

2.7위안 거슬러 드리겠습니다.

Zhǎo nín liǎng kuài qī.

08

我每天晚上12点睡觉。

저는 매일 저녁 12시에 잡니다.

Wǒ měitiān wǎnshang shí'èr diǎn shuìjiào.

09

我是大明公司的王经理。

저는 따밍회사의 왕 사장입니다.

Wǒ shì Dàmíng gōngsī de Wáng jīnglǐ.

14

我家有五口人。

우리 가족은 다섯 식구입니다.

Wǒ jiā yǒu wǔ kǒu rén.

10

这是我的名片。

제 명함입니다.

Zhè shì wǒ de míngpiàn.

15

我没有哥哥。

나는 형이 없습니다.

Wǒ méiyǒu gēge.

11

可以告诉我你的电话号码吗？

제게 당신의 전화번호를 알려줄 수 있으세요?

Kěyǐ gàosu wǒ nǐ de diànhuà hàomǎ ma?

16

哥哥今年三十二岁。

오빠는 올해 32세입니다.

Gēge jīnnián sānshí'èr suì.

12

她的手机号码是多少？

그녀의 휴대전화 번호는 몇 번입니까?

Tā de shǒujī hàomǎ shì duōshao?

17

我父亲在银行工作。

제 아버지는 은행에서 일하십니다.

Wǒ fùqīn zài yínháng gōngzuò.

13

给我发电子邮件。

저에게 이메일을 보내 주세요.

Gěi wǒ fā diànzǐ yóujiàn.

18

这个人是谁？

이 사람은 누구입니까?

Zhè ge rén shì shéi?

19

来一瓶啤酒！

맥주 한 병 주세요!

Lái yì píng píjiǔ!

20

这个菜有点儿辣。

이 요리는 조금 맵다.

Zhè ge cài yǒudiǎnr là.

21

我们很饿，请快一点儿。

우린 매우 배고프니, 빨리 좀 주세요.

Wǒmen hěn è, qǐng kuài yìdiǎnr.

22

结帐，请开一张发票。

계산해 주세요, 영수증도 끊어주세요.

Jiézhàng, qǐng kāi yì zhāng fāpiào.

23

我吃饱了。

저는 배부릅니다.

Wǒ chī bǎo le.

24

你每天怎么上班？

당신은 매일 어떻게 출근하시나요?

Nǐ měi tiān zěnme shàngbān?

25

我开车下班。

저는 자가용으로 퇴근합니다.

Wǒ kāichē xiàbān.

26

飞机比火车快。

비행기가 기차보다 빠릅니다.

Fēijī bǐ huǒchē kuài.

27

又堵车了！

또 길이 막히는군!

Yòu dǔchē le!

28

公司离我家很远。

회사는 집에서 멉니다.

Gōngsī lí wǒ jiā hěn yuǎn.

29

今天是晴天。

오늘은 날씨가 맑습니다.

Jīntiān shì qíngtiān.

30

昨天下雪了。

어제 눈이 내렸습니다.

Zuótiān xiàxuě le.

31

春天很少下雨。

봄에는 비가 적게 내립니다.

Chūntiān hěn shǎo xiàyǔ.

32

天气越来越热。

날씨가 점점 더워집니다.

Tiānqì yuèláiyuè rè.

33

今天20度，不冷不热，很舒服。

오늘은 20도, 춥지도 덥지도 않고, 매우 쾌적합니다.

Jīntiān èrshí dù, bù lěng bú rè, hěn shūfu.

34

他穿着一套黑色的西服。

그는 검은색 양복을 입고 있습니다.

Tā chuān zhe yí tào hēisè de xīfú.

35

我喜欢穿休闲服。

나는 평상복 입는 것을 좋아합니다.

Wǒ xǐhuan chuān xiūxiánfú.

36

红色和黄色不相配。

빨간색과 노란색은 어울리지 않는다.

Hóngsè hé huángsè bù xiāngpèi.

37

这件衣服需要干洗。

이 옷은 드라이클리닝 해야 합니다.

Zhè jiàn yīfu xūyào gānxǐ.

38

好，听你的。

좋아요, 당신 말 들을게요.

Hǎo, tīng nǐ de.

39

我对高尔夫感兴趣。

저는 골프에 흥미가 있습니다.

Wǒ duì gāo'ěrfū gǎnxìngqù.

40

我的爱好是逛街。

저의 취미는 쇼핑입니다.

Wǒ de àihào shì guàngjiē.

41

不行，明天我得加班。

안돼요, 내일 저는 연장근무를 해야 합니다.

Bù xíng, míngtiān wǒ děi jiābān.

42

他是一个足球迷。

그는 축구광입니다.

Tā shì yí ge zúqiúmí.

43

如果下大雨，我就不去。

만약 비가 많이 오면, 전 가지 않을 겁니다.

Rúguǒ xià dàyǔ, wǒ jiù bú qù.

44

我没去过北京。

나는 베이징에 가 보지 않았습니다.

Wǒ méi qù guo Běijīng.

45

我们是去年认识的。

우리는 작년에 알게 되었습니다.

Wǒmen shì qùnián rènshi de.

46

我的专业是经济学。

저의 전공은 경제학입니다.

Wǒ de zhuānyè shì jīngjìxué.

47

我读了经济学的博士。

저는 경제학 박사학위를 공부했습니다.

Wǒ dú le jīngjìxué de bóshì.

48

我学习了一年汉语。

나는 중국어를 1년 공부했다.

Wǒ xuéxí le yì nián Hànyǔ.

49

男职员是女职员的两倍。

남자 직원이 여자 직원의 두 배입니다.

Nán zhíyuán shì nǚ zhíyuán de liǎngbèi.

50

男职员占公司职员的三分之二。

남자 직원이 회사 직원의 3분의 2를 차지합니다.

Nán zhíyuán zhàn gōngsī zhíyuán de sān fēnzhī èr.

51

这件衣服比那件衣服贵100块。

이 옷이 저 옷보다 100위안 더 비쌉니다.

Zhè jiàn yīfu bǐ nà jiàn yīfu guì yìbǎi kuài.

52

请您过目。

검토해 주십시오.

Qǐng nín guòmù.

53

虽然消费量增长了，但是还低。

소비량이 증가했지만, 여전히 낮다.

Suīrán xiāofèiliàng zēngzhǎng le, dànshì hái dī.

54

春节放一周假。

설날에는 1주일간 쉽니다.

Chūnjié fàng yì zhōu jià.

55

我打算圣诞节去滑雪。

나는 성탄절에 스키타러 갈 계획입니다.

Wǒ dǎsuan Shèngdàn Jié qù huáxuě.

56

没有什么计划。

별다른 계획이 없습니다.

Méiyǒu shénme jìhuà.

57

看来我的休假计划泡汤了。

보아하니 제 휴가 계획은 망친 것 같습니다.

Kànlái wǒ de xiūjià jìhuà pàotāng le.

58

你别拿我开心了!

절 놀리지 마세요!

Nǐ bié ná wǒ kāixīn le!

BCT 단계별 맞춤 프로그램

리얼 비즈 **중국어 1**

오디오북

중앙 books JoongAng Ilbo 北京大學出版社 PEKING UNIVERSITY PRESS

①  一百块
yìbǎi kuài
100위안

②  五十块
wǔshí kuài
50위안

③  十块
shí kuài
10위안

④  二十块
èrshí kuài
20위안

⑤  两块
liǎng kuài
2위안

⑥  两毛
liǎng máo
2마오

一 yī 일 | 二 èr 이 | 三 sān 삼 | 四 sì 사 | 五 wǔ 오 | 六 liù 육 | 七 qī 칠 |
八 bā 팔 | 九 jiǔ 구 | 十 shí 십 | 人民币 rénmínbì 인민폐 | 元 yuán 위안 (중국의
화폐단위) | 角 jiǎo 자오 (0.1위안) | 分 fēn 펀 (0.01위안) | 块 kuài 콰이 (元의 구어체) | 毛
máo 마오 (角의 구어체) | 零 líng 영 | 两 liǎng 둘 | 百 bǎi 백

■ 위안화

- 7.66元 　　七块六毛六(分)
  　　　　　　qī kuài liù máo liù (fēn)

- 59.3元 　　五十九块三(毛)
  　　　　　　wǔshíjiǔ kuài sān (máo)

- 126.30元 　一百二十六块三(毛)
  　　　　　　yìbǎi èrshíliù kuài sān (máo)

- 507元 　　五百零七块
  　　　　　　wǔbǎi líng qī kuài

■ '二'과 '两'

① 기본적으로 숫자를 읽을 때는 '二'

- 12 　十二 　　　　　　- 20 　二十
  　　　shí'èr 　　　　　　　　　　èrshí

- 22 　二十二 　　　　　- 120 一百二十
  　　　èrshí'èr 　　　　　　　　　yìbǎi èrshí

② '二'과 '两' 두 가지로 읽는 경우

- 200 两百 / 二百 　　　- 2000 两千 / 二千
  　　　liǎngbǎi (èrbǎi) 　　　　　liǎngqiān (èrqiān)

- 2만 两万 / 二万 　　　- 2억 两亿 / 二亿
  　　　liǎngwàn (èrwàn) 　　　　　liǎngyì (èryì)

①
가격: 4元

一瓶可乐四块
yì píng kělè sì kuài
콜라 한 병에 4위안

②
가격: 9.8元

一盒牛奶九块八
yì hé niúnǎi jiǔ kuài bā
우유 한 팩에 9.8위안

③
가격: 3.5元

一个三明治三块五
yí ge sānmíngzhì sān kuài wǔ
샌드위치 하나에 3.5위안

④
가격: 208元

一双鞋两百零八块
yì shuāng xié liǎngbǎi líng bā kuài
신발 한 컬레에 208위안

⑤
가격: 166元

一件T恤一百六十六块
yí jiàn T xù yì bǎi liùshíliù kuài
티셔츠 한 장에 166위안

⑥
가격: 17元

一顶帽子十七块
yì dǐng màozi shíqī kuài
모자 하나에 17위안

瓶 píng 병 | 盒 hé 갑 | 个 gè 개 | 双 shuāng 쌍, 켤레 | 件 jiàn 벌 | 顶 dǐng 개 (모자를 세는 단위) | 可乐 kělè 콜라 | 牛奶 niúnǎi 우유 | 三明治 sānmíngzhì 샌드위치 | 鞋 xié 신발 | T恤 T xù 티셔츠 | 帽子 màozi 모자 | 多少 duōshao 얼마 | 钱 qián 돈 | 多少钱 duōshao qián 얼마입니까

핵심콕콕 🎯

- **수량 표현하기**

- 一双鞋　　　신발 한 켤레
  yì shuāng xié

- 两件T恤　　　티셔츠 두 벌
  liǎng jiàn T xù

- 三瓶可乐　　콜라 세 병
  sān píng kělè

- 四个三明治　샌드위치 네 개
  sì ge sānmíngzhì

- **가격 묻기**

- Q : 一双鞋多少钱?　　　　신발 한 켤레에 얼마입니까?
  Yì shuāng xié duōshao qián?

- A : 一双鞋一百三十六块。　신발 한 켤레에 136위안입니다.
  Yì shuāng xié yìbǎi sānshíliù kuài.

- Q : 一盒牛奶多少钱?　　　우유 한 팩에 얼마입니까?
  Yì hé niúnǎi duōshao qián?

- A : 九块八。　　　　　　　9.8위안입니다.
  Jiǔ kuài bā.

회화술술 🎤

■ 편의점에서 🎧 029

师傅　一瓶可乐、一盒牛奶、一个三明治，一共十七块三。
　　　Yì píng kělè、yì hé niúnǎi、yí ge sānmíngzhì，yígòng shíqī kuài sān.

顾客　给您二十块。
　　　Gěi nín èrshí kuài.

师傅　找您两块七。
　　　Zhǎo nín liǎng kuài qī.

아저씨　콜라 한 캔, 우유 한 팩, 샌드위치 한 개, 모두 17.3위안입니다.
고객　　20위안 드릴게요.
아저씨　2.7위안 거슬러 드리겠습니다.

단어등장 📝 🎧 030

师傅 shīfu 아저씨, 숙련공 | 顾客 gùkè 고객, 손님 | 您 nín 당신 | 你 nǐ 너 | 给 gěi
주다 | 找 zhǎo 거슬러 주다 | 一共 yígòng 모두, 합계

회화술술 🎤

■ 백화점에서 🎧 031

顾客　我要买这件T恤、这双鞋。
　　　Wǒ yào mǎi zhè jiàn T xù、zhè shuāng xié.

售货员　T恤一百六十六块，鞋二百零八块，一共三百七十四块。
　　　　T xù yìbǎi liùshíliù kuài，xié èrbǎi líng bā kuài，yígòng sānbǎi qīshísì kuài.

顾客　给您三百八。
　　　Gěi nín sānbǎi bā.

售货员　找您六块。
　　　　Zhǎo nín liù kuài.

고객	이 티셔츠와 이 신발을 사려고요.
판매원	티셔츠는 166위안, 신발은 208위안, 모두 374위안이네요.
고객	380위안 드릴게요.
판매원	6위안 거슬러 드릴게요.

售货员 shòuhuòyuán 판매원 | 我 wǒ 나 | 这 zhè 이, 이것 | 要 yào 원하다, ~하려고 하다 | 买 mǎi 사다

핵심콕콕 ◎←

■ 중국어의 기본 어순

- 买可乐。 콜라를 사다.
  Mǎi kělè.

- 找钱。 돈을 거슬러 주다.
  Zhǎo qián.

■ '这'는 '이것'

- 这瓶可乐 이 콜라
  zhè píng kělè

- 这盒牛奶 이 우유
  zhè hé niúnǎi

- 这顶帽子 이 모자
  zhè dǐng màozi

- 这个三明治 이 샌드위치
  zhè ge sānmíngzhì

■ '给①'는 '주다'

- 给售货员钱。 판매원에게 돈을 주다.
  Gěi shòuhuòyuán qián.

- 给您可乐。 당신에게 콜라를 주다.
  Gěi nín kělè.

02 你几点上班?
몇 시에 출근하세요?

그림쏙쏙 037

①
2008年8月8日星期五
èr líng líng bā nián bā yuè bā rì xīngqīwǔ
2008년 8월 8일 금요일

②
上午九点十分
shàngwǔ jiǔ diǎn shí fēn
오전 9시 10분

③
晚上八点十五分/ 晚上八点一刻
wǎnshang bā diǎn shíwǔ fēn/ wǎnshang bā diǎn yí kè
저녁 8시 15분

④
下午两点三十分/ 下午两点半
xiàwǔ liǎng diǎn sānshí fēn/ xiàwǔ liǎng diǎn bàn
오후 2시 30분/ 오후 2시 반

⑤
早上六点四十五分/ 早上六点三刻
zǎoshang liù diǎn sìshíwǔ fēn/ zǎoshang liù diǎn sān kè
아침 6시 45분

⑥

中午十二点二十分
zhōngwǔ shí'èr diǎn èrshí fēn
정오 12시 20분

年 nián 년 | 月 yuè 월 | 日 rì 일 | 号 hào 일 | 天 tiān 일 | 星期 xīngqī 주, 요일 |
早上 zǎoshang 아침 | 上午 shàngwǔ 오전 | 中午 zhōngwǔ 점심 | 下午 xiàwǔ 오후
| 晚上 wǎnshang 저녁 | 点 diǎn 시 | 分 fēn 분 | 刻 kè 15분 | 半 bàn 반, 30분

■ 요일 표현하기

· 星期一
  xīngqīyī
  월요일

· 星期二
  xīngqī'èr
  화요일

· 星期三
  xīngqīsān
  수요일

· 星期四
  xīngqīsì
  목요일

· 星期五
  xīngqīwǔ
  금요일

· 星期六
  xīngqīliù
  토요일

· 星期日(=星期天)
  xīngqīrì (xīngqītiān)
  일요일

■ 일시 표현하기

· 2006年6月2日星期五下午七点二十分   2006년 6월 2일 금요일 오후 7시 20분
  èr líng líng liù nián liù yuè èr rì xīngqīwǔ xiàwǔ qī diǎn èrshí fēn

■ '日'와 '号'

· 一月二十五日   1월 25일 (문어체)
  yī yuè èrshíwǔ rì

· 一月二十五号   1월 25일 (구어체)
  yī yuè èrshíwǔ hào

039

①

她早上六点三刻起床。
Tā zǎoshang liù diǎn sān kè qǐchuáng.
그녀는 아침 6시 45분에 일어난다.

②

他早上七点洗澡。
Tā zǎoshang qī diǎn xǐzǎo.
그는 아침 7시에 샤워를 한다.

③

他上午八点半上班。
Tā shàngwǔ bā diǎn bàn shàngbān.
그는 오전 8시 반에 출근한다.

④

她中午十二点一刻吃午饭。
Tā zhōngwǔ shí'èr diǎn yí kè chī wǔfàn.
그녀는 정오 12시 15분에 점심을 먹는다.

⑤

她星期六下午两点学习汉语。
Tā xīngqīliù xiàwǔ liǎng diǎn xuéxí Hànyǔ.
그녀는 토요일 오후 2시에 중국어를 공부한다.

⑥

她下午六点下班。
Tā xiàwǔ liù diǎn xiàbān.
그녀는 오후 6시에 퇴근한다.

⑦

他晚上八点五分看电视。
Tā wǎnshang bā diǎn wǔ fēn kàn diànshì.
그는 저녁 8시 5분에 TV를 본다.

⑧

他晚上十一点半睡觉。
Tā wǎnshang shíyī diǎn bàn shuìjiào.
그는 저녁 11시 반에 잔다.

起床 qǐchuáng 일어나다 | 洗澡 xǐzǎo 목욕하다 | 上班 shàngbān 출근하다 | 吃饭 chīfàn 밥을 먹다 | 学习 xuéxí 공부하다 | 下班 xiàbān 퇴근하다 | 看电视 kàn diànshì TV를 보다 | 睡觉 shuìjiào 잠을 자다 | 早饭 zǎofàn 아침밥 | 午饭 wǔfàn 점심밥 | 晚饭 wǎnfàn 저녁밥 | 书 shū 책 | 汉语 Hànyǔ 중국어 | 他 tā 그 | 她 tā 그녀

핵심콕콕

■ '他'와 '她'

· 他吃饭。   그는 밥을 먹는다.
  Tā chīfàn.

· 她吃饭。   그녀는 밥을 먹는다.
  Tā chīfàn.

■ 동작이 일어난 시간 표현하기

· 他十一点半睡觉。   그는 11시 반에 잠을 잔다.
  Tā shíyī diǎn bàn shuìjiào.

· 我星期五早上七点学习汉语。   나는 금요일 아침 7시에 중국어를 공부한다.
  Wǒ xīngqīwǔ zǎoshang qī diǎn xuéxí Hànyǔ.

· 她下午三点看书。   그녀는 오후 3시에 책을 읽는다.
  Tā xiàwǔ sān diǎn kàn shū.

회화술술

■ 시각 묻고 답하기 🎧 041

小王 现在几点？
Xiànzài jǐ diǎn?

小李 现在三点一刻。
Xiànzài sān diǎn yí kè.

小王 今天几月几号？
Jīntiān jǐ yuè jǐ hào?

小李 今天6月8号。
Jīntiān liù yuè bā hào.

샤오왕	지금 몇 시니?
샤오리	지금 3시 15분이야.
샤오왕	오늘은 몇 월 며칠이니?
샤오리	오늘은 6월 8일이야.

■ 요일 묻고 답하기 🎧 042

小刘 昨天星期几？
Zuótiān xīngqī jǐ?

小张 昨天星期三。
Zuótiān xīngqīsān.

小刘 明天星期几？
Míngtiān xīngqī jǐ?

小张 明天星期五。
Míngtiān xīngqīwǔ.

샤오리우	어제는 무슨 요일이었죠?
샤오짱	어제는 수요일이었어요.
샤오리우	내일은 무슨 요일이죠?
샤오짱	내일은 금요일이에요.

■ 일과 묻고 답하기 🎧 043

小王 你每天几点睡觉？
Nǐ měi tiān jǐ diǎn shuìjiào?

小刘 我每天晚上十二点睡觉。
Wǒ měi tiān wǎnshang shí'èr diǎn shuìjiào.

小王 你什么时候学习汉语？
Nǐ shénme shíhou xuéxí Hànyǔ?

샤오왕	매일 몇 시에 자니?
샤오리우	나는 매일 저녁 12시에 자.
샤오왕	언제 중국어를 배우니?
샤오리우	나는 매주 토요일에 중국어를 배워.

小刘　我每个星期六学习汉语。
　　　Wǒ měi ge xīngqīliù xuéxí Hànyǔ.

단어등장 🔊 044

几 jǐ 몇 (의문) ｜ 什么时候 shénme shíhou 언제 (의문) ｜ 现在 xiànzài 지금, 현재 ｜ 昨天 zuótiān 어제 ｜ 今天 jīntiān 오늘 ｜ 明天 míngtiān 내일 ｜ 每 měi 매

핵심콕콕 🎯

■ '几点'과 '什么时候'

・Q：　你什么时候上班？　　너는 언제 출근하니?
　　　　Nǐ shénme shíhou shàngbān?

　A：　我星期二上班。　　나는 화요일에 출근해.
　　　　Wǒ xīngqī'èr shàngbān.

　　　　我九点上班。　　　나는 9시에 출근해.
　　　　Wǒ jiǔ diǎn shàngbān.

・Q：　你几点上班？　　　너는 몇 시에 출근하니?
　　　　Nǐ jǐ diǎn shàngbān.

　A：　我九点上班。　　　나는 9시에 출근해.
　　　　Wǒ jiǔ diǎn shàngbān.

■ 명사술어문

・今天星期五。　　　오늘은 금요일이다.
　Jīntiān xīngqīwǔ.

・现在八点。　　　　지금은 8시이다.
　Xiànzài bā diǎn.

■ '每'는 '매, 각각의'

・每天　　　매일
　měi tiān

・每个星期一　　　매주 월요일
　měi ge xīngqīyī

03 这是我的名片。

제 명함입니다.

그림쏙쏙

①

电话号码是62751916。
Diànhuà hàomǎ shì liù èr qī wǔ yāo jiǔ yāo liù.
전화번호는 62751916이다.

②

电话号码是58208275。
Diànhuà hàomǎ shì wǔ bā èr líng bā èr qī wǔ.
전화번호는 58208275이다.

③

传真号码是84061574。
Chuánzhēn hàomǎ shì bā sì líng liù yāo wǔ qī sì.
팩스 번호는 84061574이다.

④

手机号码是13867474516。
Shǒujī hàomǎ shì yāo sān bā liù qī sì qī sì wǔ yāo liù.
휴대전화 번호는 13867474516이다.

⑤

手机号码是13352648917。
Shǒujī hàomǎ shì yāo sān sān wǔ èr liù sì bā jiǔ yāo qī.
휴대전화 번호는 13352648917이다.

⑥

伊妹儿是cat@hotmail.com。
Yīmèir shì cat@hotmail.com.
이메일은 cat@hotmail.com이다.

电话 diànhuà 전화 | 座机 zuòjī (유선) 전화기 | 手机 shǒujī 휴대전화 | 传真
chuánzhēn 팩스 | 电脑 diànnǎo 컴퓨터 | 电子邮件 diànzǐ yóujiàn 전자우편 | 伊妹
儿 yīmèir 이메일 | 号码 hàomǎ 번호 | 是 shì ~이다

■ 숫자 '1'을 읽는 두 가지 방법

- 13830712881　　　yāo sān bā sān líng qī yāo èr bā bā yāo

■ '是'는 '~이다'

- 这是电脑。　　　　　이것은 컴퓨터이다.
  Zhè shì diànnǎo.

- 今天是星期二。　　　오늘은 화요일이다.
  Jīntiān shì xīngqī'èr.

- 电话号码是58208275。　전화번호는 58208275입니다.
  Diànhuà hàomǎ shì wǔ bā èr líng bā èr qī wǔ.

- 手机号码是13352648917。　휴대전화 번호는 13352648917입니다.
  Shǒujī hàomǎ shì yāo sān sān wǔ èr liù sì bā jiǔ yāo qī.

 051

张经理的手机号码是13829340567。
Zhāng jīnglǐ de shǒujī hàomǎ shì yāo sān bā èr jiǔ sān sì líng wǔ liù qī.
장 사장의 휴대전화 번호는 13829340567이다.

王副经理的手机号码是13701329876。
Wáng fùjīnglǐ de shǒujī hàomǎ shì yāo sān qī líng yāo sān èr jiǔ bā qī liù.
왕 부사장의 휴대전화 번호는 13701329876이다.

刘秘书的传真号码是83510202。
Liú mìshū de chuánzhēn hàomǎ shì bā sān wǔ yāo líng èr líng èr.
유 비서의 팩스 번호는 83510202이다.

大明公司的电话号码是88021919。
Dàmíng gōngsī de diànhuà hàomǎ shì bā bā líng èr yāo jiǔ yāo jiǔ.
따밍 회사의 전화번호는 88021919이다.

赵律师的手机号码是13320963785。
Zhào lǜshī de shǒujī hàomǎ shì yāo sān sān èr líng jiǔ liù sān qī bā wǔ.
조 변호사의 휴대전화 번호는 13320963785이다.

赵律师的伊妹儿是zhao@yahoo.com。
Zhào lǜshī de yīmèir shì zhao@yahoo.com.
조 변호사의 이메일은 zhao@yahoo.com이다.

 052

张 Zhāng 장 (성씨) | 王 Wáng 왕 (성씨) | 刘 Liú 유 (성씨) | 赵 Zhào 조 (성씨) | 经理 jīnglǐ 사장 | 副 fù 부 | 秘书 mìshū 비서 | 律师 lǜshī 변호사 | 大明公司 Dàmíng gōngsī 따밍 회사 | 的 de ~의

■ '的①'는 소유격 표현

· 我的帽子   나의 모자
  wǒ de màozi

· 大明公司的传真号码   따밍 회사의 팩스 번호
  Dàmíng gōngsī de chuánzhēn hàomǎ

· 赵律师的手机号码   조 변호사의 휴대전화 번호
  Zhào lǜshī de shǒujī hàomǎ

■ 업무 관계에서의 호칭

· 赵律师   조 변호사   · 张经理   장 사장님
  Zhào lǜshī   Zhāng jīnglǐ

step 03 练一练

회화술술

■ 국제 회의장에서 🎧 053

赵经理　您是张先生吗？
      Nín shì Zhāng xiānsheng ma?

张先生　我是。您是……？
      Wǒ shì.　Nín shì……?

赵经理　我是大明公司的赵经理。
      Wǒ shì Dàmíng gōngsī de Zhào jīnglǐ.

张先生　赵经理，您好！这是我的名片。
      Zhào jīnglǐ, nín hǎo!　Zhè shì wǒ de míngpiàn.

赵经理　谢谢！
      Xièxie!

조 사장 당신이 장 선생님이십니까? 장 선생 네, 당신은요? 조 사장 저는 따밍 회사의
조 사장입니다. 장 선생 조 사장님, 안녕하세요! 제 명함입니다. 조 사장 감사합니다!

张律师 **刘秘书，我找王经理。**
Liú mìshū, wǒ zhǎo Wáng jīnglǐ.

刘秘书 **他不在，您可以给他打电话，可以发伊妹儿。**
Tā bú zài, nín kěyǐ gěi tā dǎ diànhuà, kěyǐ fā yīmèir.

张律师 **王经理的手机号码是多少？**
Wáng jīnglǐ de shǒujī hàomǎ shì duōshao?

刘秘书 **他的手机号码是13901327688。**
Tā de shǒujī hàomǎ shì yāo sān jiǔ líng yāo sān èr qī liù bā bā.

张律师 **谢谢！**
Xièxie!

刘秘书 **不客气！**
Búkèqi!

> 장 변호사 유 비서, 왕 사장님과 통화하고 싶은데요. 유비서 안 계시는데요, 사장님께 전화하셔도 되고, 이메일을 보내셔도 됩니다. 장 변호사 왕 사장님의 휴대전화 번호가 몇 번이죠? 유비서 사장님의 휴대전화 번호는 13901327688입니다. 장 변호사 고마워요! 유비서 별말씀을요!

단어등장 🎧 055

先生 xiānsheng 미스터, 선생님 (남성을 부르는 호칭) | **名片** míngpiàn 명함 | **好** hǎo 좋다, 안녕하다 | **找** zhǎo 찾다 | **在** zài 있다 | **可以** kěyǐ 할 수 있다 | **打电话** dǎ diànhuà 전화를 걸다 | **发伊妹儿** fā yīmèir 이메일을 보내다 | **谢谢** xièxie 감사합니다 | **不客气** búkèqi 천만에요 | **吗** ma ~까? (의문) | **不** bù 아니다 (부정)

핵심콕콕

■ '不' 부정문

• **不吃饭** bù chīfàn	밥을 안 먹는다	• **不睡觉** bú shuìjiào	잠을 안 잔다
• **不好** bù hǎo	좋지 않다	• **不漂亮** bú piàoliang	예쁘지 않다

＊漂亮 piàoliang 예쁘다

■ '吗' 의문문

평서문	'吗' 의문문	긍정	부정
这是我的帽子。 Zhè shì wǒ de màozi.	这是你的帽子吗？ Zhè shì nǐ de màozi ma?	是。 Shì.	不是。 Bú shì.
我买可乐。 Wǒ mǎi kělè.	你买可乐吗？ Nǐ mǎi kělè ma?	买。 Mǎi.	不买。 Bù mǎi.

■ '可以'는 허가

· 你可以下班。　　　　　　　당신은 퇴근해도 됩니다.
　Nǐ kěyǐ xiàbān.

· 我可以看电视吗？　　　　　텔레비전을 봐도 되나요?
　Wǒ kěyǐ kàn diànshì ma?

■ '给②'는 '～에게'

· 我给张经理打电话。　　　　나는 장 사장에게 전화를 겁니다 .
　Wǒ gěi Zhāng jīnglǐ dǎ diànhuà.

· 我给您十块。　　　　　　　당신에게 10원을 드리겠습니다.
　Wǒ gěi nín shí kuài.

■ 의문사 '多少'

· 一共多少钱？　　　　　　　모두 얼마입니까?
　Yígòng duōshao qián?

· 你的手机号码是多少？　　　너의 휴대전화 번호는 몇 번이니?
　Nǐ de shǒujī hàomǎ shì duōshao?

04 父亲是银行职员。
아버지는 은행원이십니다.

step | 01 | 认一认

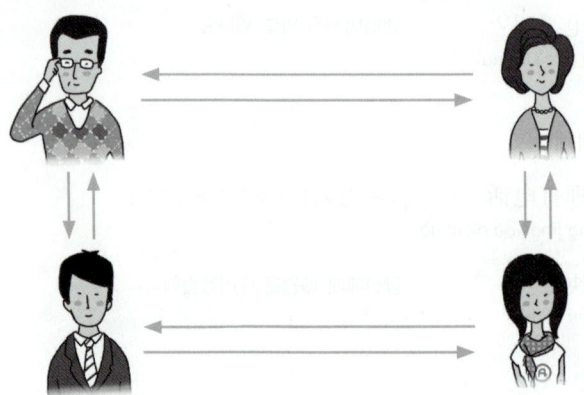

我有父亲、母亲、一个哥哥。
Wǒ yǒu fùqīn、mǔqīn、yí ge gēge.
저는 아버지, 어머니, 오빠 하나가 있습니다.

我父亲五十八岁。
Wǒ fùqīn wǔshíbā suì.
제 아버지는 58세이십니다.

我母亲五十六岁。
Wǒ mǔqīn wǔshíliù suì.
제 어머니는 56세이십니다.

我哥哥三十岁。
Wǒ gēge sānshí suì.
제 오빠는 30세입니다.

我二十五岁。
Wǒ èrshíwǔ suì.
저는 25세입니다.

父亲 fùqīn 아버지 ㅣ 母亲 mǔqīn 어머니 ㅣ 儿子 érzi 아들 ㅣ 女儿 nǚ'ér 딸 ㅣ 丈夫
zhàngfu 남편 ㅣ 妻子 qīzi 부인 ㅣ 哥哥 gēge 형, 오빠 ㅣ 姐姐 jiějie 누나, 언니 ㅣ 弟弟
dìdi 남동생 ㅣ 妹妹 mèimei 여동생 ㅣ 家 jiā 가족 ㅣ 岁 suì 살, 세 (나이를 세는 단위) ㅣ 有
yǒu 있다 ㅣ 没有 méiyǒu 없다

핵심콕콕 🎯

■ '我父亲'과 '我的父亲'

- 我父亲　　　나의 아버지
  wǒ fùqīn

- 他姐姐　　　　　그의 누나
  tā jiějie

■ 나이 표현하기

- 我二十岁。　나는 20세입니다.
  Wǒ èrshí suì.

- 我弟弟三十岁。　내 동생은 30세이다.
  Wǒ dìdi sānshí suì.

■ '有'구문

- 你有哥哥吗？
  Nǐ yǒu gēge ma?

  너는 형이 있니? (의문)

- 我有一个哥哥。
  Wǒ yǒu yí ge gēge.

  나는 형이 한 명 있다. (긍정)

- 我没有哥哥。
  Wǒ méiyǒu gēge.

  나는 형이 없다. (부정)

그림쏙쏙 🎧 061

■ 가족 소개를 잘 듣고 사진 속 가족을 소개해 봅시다.

我家有五口人，父亲、母亲、两个姐姐和我。
Wǒ jiā yǒu wǔ kǒu rén, fùqīn、mǔqīn、liǎng ge jiějie hé wǒ.

父亲今年58岁，是银行职员。
Fùqīn jīnnián wǔshíbā suì, shì yínháng zhíyuán.

母亲53岁，没有工作。
Mǔqīn wǔshísān suì, méiyǒu gōngzuò.

大姐35岁，是医生。
Dàjiě sānshíwǔ suì, shì yīshēng.

二姐30岁，是律师。
Èrjiě sānshí suì, shì lǜshī.

我今年27岁，在公司工作。
Wǒ jīnnián èrshíqī suì, zài gōngsī gōngzuò.

우리 가족은 아버지, 어머니, 두 누나와 저, 다섯 식구입니다. 아버지는 올해 58세이시고, 은행원이십
니다. 어머니는 올해 53세이시고, 직장에 다니시진 않습니다. 큰 누나는 35세이고 의사입니다. 둘째
누나는 30세이며, 변호사입니다. 저는 올해 27세이며 회사에서 일합니다.

단어등장 🎧 062

口 kǒu 사람, 식구 (양사) ㅣ 人 rén 사람 ㅣ 银行 yínháng 은행 ㅣ 公司 gōngsī 회사 ㅣ 工
作 gōngzuò 일 ㅣ 职员 zhíyuán 직원 ㅣ 医生 yīshēng 의사 ㅣ 老师 lǎoshī 선생님 ㅣ 大
dà 크다 ㅣ 和 hé ~와

■ 양사 '口'는 식구를 세는 단위

· 我家有三口人。 우리 집은 세 식구이다.
  Wǒ jiā yǒu sān kǒu rén.

■ 동사 '在'와 개사 '在'

· 他在家。 그는 집에 있다.
  Tā zài jiā.

· 他在公司工作。 그는 회사에서 일한다.
  Tā zài gōngsī gōngzuò.

■ '和'는 '~와'

· 我和他 나와 그 사람
  wǒ hé tā

· 父亲、母亲和弟弟 아버지, 어머니, 그리고 남동생
  fùqīn、mǔqīn hé dìdi

■ '大姐'와 '二姐'

· 大哥、大姐、大弟 큰 오빠(형), 큰 언니(누나), 큰 남동생
  dàgē、dàjiě、dàdì

· 二哥、二姐、二弟 둘째 오빠(형), 둘째 언니(누나), 둘째 남동생
  èrgē、èrjiě、èrdì

 🎧 **063**

■ 상대의 가족관계 묻기

小张	你家有几口人？
	Nǐ jiā yǒu jǐ kǒu rén?
李先生	四口人，妻子、儿子、女儿和我。
	Sì kǒu rén, qīzi, érzi, nǚ'ér hé wǒ.
小张	这是什么？ 是全家福吗？
	Zhè shì shénme? Shì quánjiāfú ma?
李先生	是的。
	Shì de.
小张	真是幸福的一家人。
	Zhēn shì xìngfú de yì jiā rén.

샤오짱	가족이 몇 식구세요?
이 선생	네 식구에요. 부인, 아들, 딸, 그리고 저에요.
샤오짱	이건 뭐지요? 가족사진인가요?
이 선생	네.
샤오짱	정말 행복한 한 가족이네요.

단어등장 🎧 **064**

什么 shénme 무엇 | 真 zhēn 진짜 | 幸福 xìngfú 행복하다 | 全家福 quánjiāfú 가족사진 | 家人 jiārén 가족, 집안 식구 | 是的 shì de 맞다, 그렇다

회화술술 🎧 **065**

■ 간단한 인적사항 묻기

小刘	这个人是谁？
	Zhè ge rén shì shéi?
小王	他是我弟弟。
	Tā shì wǒ dìdi.
小刘	他今年多大？
	Tā jīnnián duōdà?
小王	27岁。
	Èrshíqī suì.

小刘	真年轻！ 在哪儿工作？
	Zhēn niánqīng! Zài nǎr gōngzuò?
小王	在公司工作。
	Zài gōngsī gōngzuò.
小刘	做什么工作？
	Zuò shénme gōngzuò.
小王	会计。你呢？
	Kuàijì。 Nǐ ne?
小刘	我也在公司工作，是秘书。
	Wǒ yě zài gōngsī gōngzuò, shì mìshū.

샤오리우	이 사람은 누구니?
샤오왕	내 남동생이야.
샤오리우	올해 몇 살이니?
샤오왕	27살이야.
샤오리우	진짜 젊다! 어디서 일하는데?
샤오왕	회사에서 일해.
샤오리우	무슨 일 하니?
샤오왕	회계사야. 너는?
샤오리우	나도 회사에서 일하지, 비서야.

단어등장 🎧 **066**

谁 shéi 누구 ｜ 多大 duōdà 얼마 ｜ 哪儿 nǎr 어디 ｜ 呢 ne ~는? ｜ 也 yě ~도 ｜ 年轻 niánqīng 젊다 ｜ 做 zuò 하다 ｜ 会计 kuàijì 회계사

핵심콕콕 🔍

■ '的②'는 관형격 표현

- 年轻的弟弟　　　　어린 남동생
  niánqīng de dìdi

- 幸福的一家人　　행복한 한 가족
  xìngfú de yì jiā rén

■ '呢' 의문문

- 我买牛奶，你呢？　　난 우유 살래, 너는?
  Wǒ mǎi niúnǎi, nǐ ne?　　(=我买牛奶，你买什么？)

- 他在银行工作，他弟弟呢？　　그는 은행에서 일해, 그의 남동생은?
  Tā zài yínháng gōngzuò, tā dìdi ne?　　(=他在银行工作，他弟弟在哪儿工作？)

■ '也'는 '또한'

- 这顶帽子二十块，这件T恤也二十块。
  Zhè dǐng màozi èrshí kuài, zhè jiàn T xù yě èrshí kuài.
  이 모자는 20위안이고, 이 티셔츠도 20위안이다.

05 来一个麻婆豆腐。
마파두부 하나 주세요.

step **01** 认一认

 071

①
四瓶啤酒
sì píng píjiǔ
맥주 네 병

②
两杯果汁
liǎng bēi guǒzhī
주스 두 잔

③
一壶茶
yì hú chá
차 한 주전자

④
三听雪碧
sān tīng xuěbì
사이다 세 캔

⑤
一盘宫保鸡丁
yì pán gōngbǎojīdīng
닭고기땅콩볶음 한 그릇

⑥

一盘西红柿炒鸡蛋
yì pán xīhóngshì chǎo jīdàn
토마토계란볶음 한 그릇

⑦

一只烤鸭
yì zhī kǎoyā
오리구이 한 마리

⑧

一盘麻婆豆腐
yì pán mápódòufu
마파두부 한 그릇

⑨

半斤饺子
bàn jīn jiǎozi
만두 반 근

⑩

两碗米饭
liǎng wǎn mǐfàn
밥 두 그릇

⑪

一碗面条
yì wǎn miàntiáo
국수 한 그릇

 단어등장 🎧 072

杯 bēi 잔 | 壶 hú 주전자 | 听 tīng 캔 | 盘 pán 그릇 | 只 zhī 마리 | 斤 jīn 근 | 碗 wǎn (밥)그릇 | 喝 hē 마시다 | 饮料 yǐnliào 음료 | 啤酒 píjiǔ 맥주 | 果汁 guǒzhī 주스 | 茶 chá 차 | 雪碧 xuěbì 사이다 | 吃 chī 먹다 | 菜 cài 요리 | 烤鸭 kǎoyā 오리구이 | 麻婆豆腐 mápódòufu 마파두부 | 宫保鸡丁 gōngbǎojīdīng 닭고기 땅콩볶음 | 西红柿炒鸡蛋 xīhóngshì chǎo jīdàn 토마토계란볶음 | 主食 zhǔshí 주식 | 饺子 jiǎozi 만두 | 米饭 mǐfàn 쌀밥 | 面条 miàntiáo 면, 국수

핵심콕콕

■ '一斤'은 '500g'

- 一斤饺子　　　만두 한 근
  yì jīn jiǎozi

- 三斤西红柿　　토마토 세 근
  sān jīn xīhóngshì

■ '半'은 '반'

- 半只烤鸭　　　오리구이 반 마리
  bàn zhī kǎoyā

- 两只半烤鸭　　오리구이 두 마리 반
  liǎng zhī bàn kǎoyā

■ '吃'와 '喝'

- 吃一碗米饭　　밥 한 공기를 먹다
  chī yì wǎn mǐfàn

- 喝一杯茶　　　차 한 잔을 마시다
  hē yì bēi chá

 step 02 说一说

 073

①

请坐吧!
Qǐng zuò ba!
앉으세요!

②

请点菜吧!
Qǐng diǎncài ba!
주문하세요!

③

请吃吧!
Qǐng chī ba!
드세요!

④
来一只烤鸭。
Lái yì zhī kǎoyā.
오리구이 한 마리 주세요.

⑤
来半斤饺子。
Lái bàn jīn jiǎozi.
만두 반 근 주세요.

⑥
来两碗米饭。
Lái liǎng wǎn mǐfàn.
밥 두 그릇 주세요.

⑦
很辣。
Hěn là.
매우 맵다.

⑧
很酸。
Hěn suān.
매우 시다.

⑨
很甜。
Hěn tián.
매우 달다.

단어등장 🎧 074

请 qǐng ~하세요 ㅣ 吧 ba ~하세요 ㅣ 坐 zuò 앉다 ㅣ 点菜 diǎncài 음식을 주문하다 ㅣ
等 děng 기다리다 ㅣ 来 lái 오다, ~을 하다 (의미가 구체적인 동사를 대신해서 쓰임) ㅣ 辣 là 맵다
ㅣ 酸 suān 시다 ㅣ 甜 tián 달다 ㅣ 很 hěn 매우

■ (请)······吧①

- 吃吧！　드세요！
  Chī ba!

- 请吃吧！　드십시오！
  Qǐng chī ba!

■ 음식 주문하기

- 来一盘麻婆豆腐。　마파두부 한 그릇 주세요.
  Lái yì pán mápódòufu.

■ 很

- 很辣　(매우) 맵다
  hěn là

- 很年轻　매우 젊다
  hěn niánqīng

---

step 03 练一练

회회술술

■ 자리 안내받기 🎧 075

服务员　先生，您几位？
　　　　Xiānsheng, nín jǐ wèi?

客人A　两位。
　　　　Liǎng wèi.

服务员　里边请。 请坐这儿吧！ 给您菜单。
　　　　Lǐbian qǐng. Qǐng zuò zhèr ba! Gěi nín càidān.

客人A　谢谢！
　　　　Xièxie!

종업원　선생님, 몇 분이십니까?
손님 A　두 명입니다.
종업원　안으로 들어오시죠. 여기 앉으세요! 메뉴판을 드릴게요.
손님 A　고맙습니다.

客人A　你想吃什么？
　　　　Nǐ xiǎng chī shénme?

客人B　我不知道菜的名字，有点儿辣，有豆腐……
　　　　Wǒ bù zhīdào cài de míngzi, yǒudiǎnr là, yǒu dòufu……

客人A　是麻婆豆腐吗？
　　　　Shì mápódòufu ma?

客人B　是麻婆豆腐。你吃什么？
　　　　Shì mápódòufu.　Nǐ chī shénme?

客人A　我喜欢吃酸甜的菜。
　　　　Wǒ xǐhuan chī suāntiǎn de cài.

　　　　最喜欢的菜是西红柿炒鸡蛋。
　　　　Zuì xǐhuan de cài shì xīhóngshì chǎo jīdàn.

손님 A　뭐 드시고 싶으세요?
손님 B　요리의 이름을 모르겠어요. 조금 맵고, 두부가 있었는데…….
손님 A　마파두부죠?
손님 B　마파두부네요. 뭐 드실래요?
손님 A　전 새콤달콤한 요리를 좋아해요. 가장 좋아하는 음식이 토마토계란볶음이죠.

🎧 077 단어등장

饭馆 fànguǎn 음식점 ㅣ 服务员 fúwùyuán 종업원 ㅣ 客人 kèrén 손님 ㅣ 菜单 càidān 메뉴 ㅣ 名字 míngzi 이름 ㅣ 豆腐 dòufu 두부 ㅣ 位 wèi 분 ㅣ 里边 lǐbian 안쪽 ㅣ 这儿 zhèr 여기 ㅣ 想 xiǎng ~하고 싶다 ㅣ 知道 zhīdào 알다 ㅣ 喜欢 xǐhuan 좋아하다 ㅣ 有点儿 yǒudiǎnr 조금, 약간 ㅣ 最 zuì 제일, 가장

- '位'는 '분'

  · 两位医生　　의사 두 분
  liǎng wèi yīshēng

  · 几位经理　　사장님 몇 분
  jǐ wèi jīnglǐ

- '有点儿'은 '조금, 약간'

  · 有点儿辣　　조금 맵다 (매운 것을 좋아하지 않음)
  yǒudiǎnr là

  · 有点儿甜　　조금 달다 (단 것을 좋아하지 않음)
  yǒudiǎnr tián

- '最'는 '제일'

  · 他最年轻。　그가 제일 젊다.
  Tā zuì niánqīng.

  · 这个菜最辣。　이 요리가 제일 맵다.
  Zhè ge cài zuì là.

- 음식 주문하기　🎧 078

客人A　服务员，点菜!
　　　Fúwùyuán, diǎncài!

客人B　来一个麻婆豆腐，一个西红柿炒鸡蛋，两碗米饭。
　　　Lái yí ge mápódòufu, yí ge xīhóngshì chǎo jīdàn, liǎng wǎn mǐfàn.

客人A　我们很饿，请快一点儿!
　　　Wǒmen hěn è, qǐng kuài yìdiǎnr!

服务员　好的。请稍等。
　　　Hǎo de. Qǐng shāo děng.

손님 A　종업원, 주문이요!
손님 B　마파두부 하나, 토마토계란볶음 하나, 공기밥 두 그릇 주세요.
손님 A　매우 배고프니, 좀 빨리 주세요.
종업원　네. 조금만 기다리세요.

■ 계산하기 🎧 079

客人B   吃饱了。结帐吧!
        Chī bǎo le. Jiézhàng ba!

客人A   服务员，买单!
        Fúwùyuán, mǎidān!

服务员   一共二十五块。
        Yígòng èrshíwǔ kuài.

客人A   给你钱，开一张发票。
        Gěi nǐ qián, kāi yì zhāng fāpiào.

손님 B   배부르네요. 계산하죠!
손님 A   종업원, 계산서 주세요.
종업원   모두 25위안입니다.
손님 A   돈 드릴게요. 영수증 발급해 주세요.

단어등장 🎧 080

张 zhāng 장 (양사) | 发票 fāpiào 영수증 | 结帐 jiézhàng 계산하다 | 买单 mǎidān 계산하다, 계산서 | 开 kāi (영수증 등을) 쓰다 | 饿 è 배고프다 | 饱 bǎo 배부르다 | 快 kuài 빠르다 | 们 men ~들 (복수) | 一点儿 yìdiǎnr 조금 | 稍 shāo 잠시 | 了 le ~하게 되다

■ 복수를 나타내는 '们'

- 我们 wǒmen 우리 ・你们 nǐmen 너희들 ・他们 tāmen 그들
- 三位经理们 (×) → 三位经理 sān wèi jīnglǐ (○) 사장님 세 분

■ 吧②

- A : 我们学习汉语吧! 우리 중국어 공부하자! B : 好的。 좋아.
  Wǒmen xuéxí Hànyǔ ba! Hǎo de.

■ '一点儿'은 '조금'

형용사 + 一点儿	有点儿 + 형용사
・快一点儿。 빨리 좀 해주세요. Kuài yìdiǎnr! ・辣一点儿。 좀 맵게 해주세요. Là yìdiǎnr!	・有点儿快。 좀 빨라요. Yǒudiǎnr kuài. ・有点儿辣。 좀 매워요. Yǒudiǎnr là.
완곡한 요구	주로 부정적 어감

■ 了①

- 饱了（不饱 → 饱） 배가 부르다
  bǎo le
- 饿了（不饿 → 饿） 배가 고프다
  è le

■ 吃饱

- 看完了 다 보았다
  kàn wán le
- 找到了 찾았다
  zhǎo dào le

*完 wán 완성하다, 마치다 | 到 dào 도달하다

step **01** 认一认

①

公共汽车很便宜。

Gōnggòngqìchē hěn piányi.

버스는 싸다.

②

出租车很贵。

Chūzūchē hěn guì.

택시는 비싸다.

③

私家车很方便。

Sījiāchē hěn fāngbiàn.

자가용은 편리하다.

④

自行车有点儿慢。

Zìxíngchē yǒudiǎnr màn.

자전거는 조금 느리다.

⑤

摩托车很快。

Mótuōchē hěn kuài.

오토바이는 빠르다.

⑥

地铁有点儿麻烦。
Dìtiě yǒudiǎnr máfan.
지하철은 조금 불편하다.

⑦

火车很快。
Huǒchē hěn kuài.
기차는 빠르다.

⑧

飞机真快。
Fēijī zhēn kuài.
비행기는 정말 빠르다.

단어등장 🎧 084

公共汽车 gōnggòngqìchē 버스 | 出租车 chūzūchē 택시 | 私家车 sījiāchē 자가용 |
地铁 dìtiě 지하철 | 自行车 zìxíngchē 자전거 | 摩托车 mótuōchē 오토바이 | 火车
huǒchē 기차 | 飞机 fēijī 비행기 | 辆 liàng 대 | 便宜 piányi 싸다 | 贵 guì 비싸다 |
方便 fāngbiàn 편리하다 | 麻烦 máfan 불편하다 | 慢 màn 느리다

핵심콕콕

■ 飞机很快。

· 这个菜有点儿辣。　이 요리는 조금 맵다.
　Zhè ge cài yǒudiǎnr là.

· 我很幸福。　　　　나는 행복하다.
　Wǒ hěn xìngfú.

· 他真年轻。　　　　그는 정말 젊다.
　Tā zhēn niánqīng.

■ 辆

- ·这辆出租车　이 택시
  zhè liàng chūzūchē

- ·一辆摩托车　오토바이 한 대
  yí liàng mótuōchē

그림쏙쏙  085

①

他骑自行车去商店。
Tā qí zìxíngchē qù shāngdiàn.
그는 자전거를 타고 상점에 간다.

②

他坐出租车去机场。
Tā zuò chūzūchē qù jīchǎng.
그는 택시를 타고 공항에 간다.

③

他坐飞机去中国。
Tā zuò fēijī qù Zhōngguó.
그는 비행기를 타고 중국에 간다.

④

她开车去公司。
Tā kāi chē qù gōngsī.
그녀는 차를 몰고 회사에 간다.

⑤

她走路回家。
Tā zǒulù huíjiā.
그녀는 걸어서 집에 간다.

⑥

她坐火车去上海。
Tā zuò huǒchē qù Shànghǎi.
그녀는 기차를 타고 상하이에 간다.

 단어등장 🎧 **086**

骑 qí (자전거, 말 등을) 타다 | 坐 zuò (교통수단을) 타다 | 开 kāi 운전하다 | 走路 zǒulù 길을 걷다 | 去 qù 가다 | 回 huí 돌다 | 回家 huíjiā 귀가하다 | 商店 shāngdiàn 상점 | 机场 jīchǎng 공항 | 中国 Zhōngguó 중국 | 上海 Shànghǎi 상하이 | 比 bǐ ~보다 | 多 duō 많다 | 少 shǎo 적다

 핵심콕콕 🔊

■ 동사 + 동사

· 开私家车去公司　　　　자가용을 몰고 회사에 가다　(동사 1 : 开 / 동사 2 : 去)
　kāi sījiāchē qù gōngsī

· 坐飞机来中国　　　　　비행기를 타고 중국에 오다　(동사 1 : 坐 / 동사 2 : 来)
　zuò fēijī lái Zhōngguó

■ '比' 비교문①

· 他比我年轻。　　　　　그는 나보다 젊다.
　Tā bǐ wǒ niánqīng.

· 坐飞机比坐火车快。　　비행기를 타는 것이 기차를 타는 것보다 빠르다.
　Zuò fēijī bǐ zuò huǒchē kuài.

step **03** 练一练

회화술술

■ 회사 정문에서 🎧 **087**

小王　你每天怎么上班？
　　　Nǐ měi tiān zěnme shàngbān?

小刘　我打的上班。 你呢？
　　　Wǒ dǎdī shàngbān. Nǐ ne?

小王　坐出租车太贵了，我骑自行车去公司。
　　　Zuò chūzūchē tài guì le, wǒ qí zìxíngchē qù gōngsī.

小刘　不累吗？
　　　Bú lèi ma?

小王　不累，又可以锻炼身体。
　　　Bú lèi, yòu kěyǐ duànliàn shēntǐ.

샤오왕　너 매일 어떻게 출근해?
샤오리우　난 택시 타고 출근해. 너는?
샤오왕　택시는 너무 비싸잖아, 나는 자전거 타고 출근해
샤오리우　피곤하지 않아?
샤오왕　안 피곤해, 게다가 운동도 할 수 있잖아.

단어등장 🎧 **088**

打的 dǎdī 택시를 타다 ｜ 锻炼 duànliàn 단련하다 ｜ 累 lèi 피곤하다 ｜ 怎么 zěnme 어떻게, 어째서 (의문) ｜ 太 tài 매우 ｜ 又 yòu 또 ｜ 身体 shēntǐ 신체, 건강

真倒霉，我今天早上又迟到了！公司离我家很远，开车
Zhēn dǎoméi, wǒ jīntiān zǎoshang yòu chídào le! Gōngsī lí wǒ jiā hěn yuǎn, kāi chē

上班很方便，可是经常堵车；　打的太贵了；坐公共汽车和
shàngbān hěn fāngbiàn, kěshì jīngcháng dǔchē;　dǎdī tài guì le;　zuò gōnggòngqìchē hé

地铁的人太多了，很麻烦；骑自行车太累了。
dìtiě de rén tài duō le, hěn máfan; qí zìxíngchē tài lèi le.

我应该怎么办？
Wǒ yīnggāi zěnme bàn?

정말 재수없다. 나는 오늘 아침에 또 지각했다! 회사는 우리 집에서 멀어서, 차를 몰아 출근하
면 편리하지만 자주 길이 막힌다. 택시를 타는 것은 너무 비싸다. 버스나 지하철을 타는 사람
도 너무 많아서 매우 불편하다. 자전거 타기는 너무 피곤하다. 난 어떻게 해야 하지?

단어등장 🎧090

倒霉 dǎoméi 재수없다 | 远 yuǎn 멀다 | 迟到 chídào 지각하다 | 堵车 dǔchē 차가 막
히다 | 应该 yīnggāi ~해야 한다 | 经常 jīngcháng 자주 | 离 lí ~에서, ~로부터 | 可
是 kěshì 그러나 | 怎么办 zěnme bàn 어떡해

핵심콕콕

■ '怎么' 의문문

· 烤鸭怎么吃？　　　　오리구이는 어떻게 먹지? (방법)
　Kǎoyā zěnme chī?

· 你怎么迟到了？　　　너는 어째서 늦었어? (원인)
　Nǐ zěnme chídào le?

■ 太……了

- 我太幸福了！　　　나는 너무 행복해! (긍정적 의미)
  Wǒ tài xìngfú le!

- 太累了！　　　　　너무 피곤하다! (부정적 의미)
  Tài lèi le!

■ '又'는 '또한'

- 又堵车了！　　　또 차가 밀리네!
  Yòu dǔchē le!

■ '离'는 거리의 기준점

- 机场离公司很远。　공항은 회사에서 멀다.
  Jīchǎng lí gōngsī hěn yuǎn.

- 商店离我家很近。　상점은 우리 집에서 가깝다.
  Shāngdiàn lí wǒ jiā hěn jìn.

*近 jìn 가깝다

07 天气越来越热。
날씨가 갈수록 더워집니다.

①

今天是晴天，最高气温30度，最低气温23度。
Jīntiān shì qíngtiān, zuì gāo qìwēn sānshí dù, zuì dī qìwēn èrshísān dù.
오늘은 맑은 날이며, 최고온도는 30도, 최저온도는 23도이다.

②

今天是阴天，最高气温17度，最低气温9度。
Jīntiān shì yīntiān, zuì gāo qìwēn shíqī dù, zuì dī qìwēn jiǔ dù.
오늘은 흐린 날이며, 최고온도는 17도, 최저온도는 9도이다.

③

今天下雨，最高气温18度，最低气温10度。
Jīntiān xiàyǔ, zuì gāo qìwēn shíbā dù, zuì dī qìwēn shí dù.
오늘은 비가 내리며, 최고온도는 18도, 최저온도는 10도이다.

④

今天阴转小雨，最高气温13度，最低气温2度。
Jīntiān yīn zhuǎn xiǎoyǔ, zuì gāo qìwēn shísān dù, zuì dī qìwēn èr dù.
오늘은 흐리다 비가 약간 내리며, 최고온도는 13도, 최저온도는 2도이다.

⑤

今天少雾，最高气温35度，最低气温28度。
Jīntiān shǎowù, zuì gāo qìwēn sānshíwǔ dù, zuì dī qìwēn èrshíbā dù.
오늘은 안개가 옅으며, 최고온도는 35도, 최저온도는 28도이다.

⑥
今天刮风，最高气温27度，最低气温16度。
Jīntiān guāfēng, zuì gāo qìwēn èrshíqī dù, zuì dī qìwēn shíliù dù.
오늘은 바람이 불며, 최고온도는 27도, 최저온도는 16도이다.

⑦
今天下雪，最高气温0度，最低气温零下3度。
Jīntiān xiàxuě, zuì gāo qìwēn líng dù, zuì dī qìwēn língxià sān dù.
오늘은 눈이 내리며, 최고온도는 0도, 최저온도는 영하 3도이다.

⑧
今天多云，最高气温25度，最低气温19度。
Jīntiān duōyún, zuì gāo qìwēn èrshíwǔ dù, zuì dī qìwēn shíjiǔ dù.
오늘은 구름이 많으며, 최고온도는 25도, 최저온도는 19도이다.

天气 tiānqì 날씨 | 晴天 qíngtiān 맑은날 | 阴天 yīntiān 흐린날 | 下雨 xiàyǔ 비가 내리다 | 下雪 xiàxuě 눈이 내리다 | 刮风 guāfēng 바람이 불다 | 少雾 shǎowù 안개가 엷다 | 多云 duōyún 구름이 많다 | 转 zhuǎn 변하다 | 气温 qìwēn 기온 | 度 dù 도 | 零下 língxià 영하 | 高 gāo 높다 | 低 dī 낮다

■ 大, 小, 多, 少

- 下大雨
  xià dàyǔ
  비가 많이 내린다

- 下大雪
  xià dàxuě
  눈이 많이 내린다

- 刮大风
  guā dàfēng
  바람이 많이 분다

- 多云
  duōyún
  구름이 많다

- 下小雨
  xià xiǎoyǔ
  비가 조금 내린다

- 下小雪
  xià xiǎoxuě
  눈이 조금 내린다

- 刮小风
  guā xiǎofēng
  바람이 조금 분다

- 少云
  shǎoyún
  구름이 적다

- **多雾**　안개가 짙다
  duōwù

- **少雾**　안개가 옅다
  shǎowù

■ 阴转小雨

- **阴转大雨**　흐리다가 비가 많이 온다
  yīn zhuǎn dàyǔ

- **多云转晴**　구름이 많다가 점차 개다
  duōyún zhuǎn qíng

step | **02**　**说一说**

　 `096`

一年有四个季节，春天、夏天、秋天和冬天。
Yì nián yǒu sì ge jìjié, chūntiān、xiàtiān、qiūtiān hé dōngtiān.
일 년에 네 개의 계절이 있다. 봄, 여름, 가을과 겨울.

从三月到五月是春天。
Cóng sān yuè dào wǔ yuè shì chūntiān.
3월부터 5월까지는 봄이다.

春天很暖和，有时候刮风，很少下雨。
Chūntiān hěn nuǎnhuo, yǒushíhou guāfēng, hěn shǎo xiàyǔ.
봄은 따뜻하고, 가끔 바람이 불며, 비가 적게 내린다.

从6月到8月是夏天。
Cóng liù yuè dào bā yuè shì xiàtiān.
6월부터 8월까지는 여름이다.

夏天很热，经常下大雨。
Xiàtiān hěn rè, jīngcháng xià dàyǔ.
여름은 덥고, 자주 큰 비가 내린다.

从九月到十一月是秋天。
Cóng jiǔ yuè dào shíyī yuè shì qiūtiān.
9월부터 11월까지는 가을이다.

秋天不冷不热，很凉快，很舒服。
Qiūtiān bù lěng bú rè, hěn liángkuài, hěn shūfu.
가을은 춥지도 덥지도 않고, 서늘하며, 쾌적하다.

从十二月到二月是冬天。
Cóng shí'èr yuè dào èr yuè shì dōngtiān.
12월부터 2월까지는 겨울이다.

冬天很冷，经常下雪。
Dōngtiān hěn lěng, jīngcháng xiàxuě.
겨울은 춥고, 자주 눈이 내린다.

단어등장 🎧 097

季节 jìjié 계절 | 春天 chūntiān 봄 | 夏天 xiàtiān 여름 | 秋天 qiūtiān 가을 | 冬天 dōngtiān 겨울 | 暖和 nuǎnhuo 따뜻하다 | 热 rè 덥다 | 冷 lěng 춥다 | 凉快 liángkuài 서늘하다 | 舒服 shūfu 편안하다 | 有时候 yǒushíhou 때때로 | 从 cóng ~에서, ~부터 | 到 dào ~까지

핵심콕콕 ◉

■ 从…到…

· 从八点到十点   8시부터 10시까지
  cóng bā diǎn dào shí diǎn

· 从我家到公司   우리 집에서 회사까지
  cóng wǒ jiā dào gōngsī

■ 不… 不…

· 这双鞋不大不小。   이 신발은 크지도 작지도 않다.
  Zhè shuāng xié bú dà bù xiǎo.

· 今天的气温不高不低。 오늘 기온이 높지도 않고, 낮지도 않다.
  Jīntiān de qìwēn bù gāo bù dī.

■ 很少

• 他很少给我打电话。　　　그는 나에게 별로 전화를 걸지 않는다.
　Tā hěn shǎo gěi wǒ dǎ diànhuà.

• 小李很少迟到。　　　샤오리는 별로 지각을 하지 않는다.
　Xiǎo Lǐ hěn shǎo chídào.

step 03　练一练

■ 출근하는 길　🎧098

小张　天真阴啊！　是不是快下雨了？
　　　Tiān zhēn yīn a! Shì bú shì kuài xiàyǔ le?

小李　天气预报说今天有大雨。
　　　Tiānqì yùbào shuō jīntiān yǒu dàyǔ.

小张　是吗？真糟糕，我没带雨伞。
　　　Shì ma? Zhēn zāogāo, wǒ méi dài yǔsǎn.

小李　别担心，我有两把雨伞，可以借给你一把。
　　　Bié dānxīn, wǒ yǒu liǎng bǎ yǔsǎn, kěyǐ jiè gěi nǐ yì bǎ.

小张　太谢谢了！
　　　Tài xièxie le!

小李　别客气。
　　　Bié kèqi.

샤오짱　날씨가 흐리네! 곧 비가 내리려나?
샤오리　일기예보에서 오늘은 소나기가 온다고 했어요.
샤오짱　그래요? 야단났네, 전 우산을 안 가져왔어요.
샤오리　걱정하지 마세요, 제게 우산이 두 개 있는데 하나 빌려드릴게요.
샤오짱　정말 고마워요!
샤오리　천만에요!

단어등장 🎧 099

预报 yùbào 예보(하다) ┃ 带 dài 휴대하다 ┃ 借 jiè 빌리다, 빌려주다 ┃ 雨伞 yǔsǎn 우산 ┃ 把 bǎ 자루 (손잡이가 있는 것의 양사) ┃ 别 bié ～하지 마라 ┃ 担心 dānxīn 걱정하다 ┃ 客气 kèqi 사양하다 ┃ 啊 a 아 (감탄사) ┃ 糟糕 zāogāo 야단났군 ┃ 快…了 kuài…le 곧, 머지 않아 ～하다

회화술술 🖊️

■ 좋아하는 계절 묻고 답하기 🎧 100

小刘 天气越来越热，夏天快到了。
Tiānqì yuèláiyuè rè, xiàtiān kuài dào le.

小王 我最不喜欢夏天。
Wǒ zuì bù xǐhuan xiàtiān.

小刘 为什么？
Wèi shénme?

小王 太热了，一动就出汗。
Tài rè le, yí dòng jiù chūhàn.

小刘 可是我喜欢夏天，可以去海里游泳。
Kěshì wǒ xǐhuan xiàtiān, kěyǐ qù hǎi lǐ yóuyǒng.

샤오리우 날씨가 갈수록 더워져, 여름이 곧 오겠어.
샤오왕 나는 여름이 제일 싫어.
샤오리우 왜?
샤오왕 너무 더워, 움직이기만 하면 땀이 나잖아.
샤오리우 그래도 나는 여름이 좋아, 바다에 가서 수영할 수 있잖아.

단어등장 🎧 101

到 dào 도착하다 ┃ 动 dòng 움직이다 ┃ 出汗 chūhàn 땀이 나다 ┃ 游泳 yóuyǒng 수영하다 ┃ 海 hǎi 바다 ┃ 里 lǐ 안, 속 ┃ 越来越 yuèláiyuè 갈수록, 점점 ┃ 一…就 yī…jiù ～하자마자 곧 ～하다 ┃ 为什么 wèi shénme 왜 (의문)

■ 快……了

· 快吃饭了。　　　　　　　　곧 밥 먹을 것이다.
　Kuài chīfàn le.

· 快三月了。　　　　　　　　곧 3월이다.
　Kuài sān yuè le.

■ 了②와 没(有)

· 我吃了，他没吃。　　　　　나는 먹었고, 그는 안 먹었다.
　Wǒ chī le, tā méi chī.

· 我看了，他没看。　　　　　나는 봤고, 그는 보지 않았다.
　Wǒ kàn le, tā méi kàn.

■ '别'는 금지사

· 你别去!　　　　　　　　　　가지 마라!
　Nǐ bié qù!

· 别看电视!　　　　　　　　　텔레비전 보지 마라!
　Bié kàn diànshì!

■ '越来越'는 '점점 더 ~하다'

· 冬天到了，天气越来越冷。　겨울이 와서 날씨가 갈수록 추워진다.
　Dōngtiān dào le, tiānqì yuèláiyuè lěng.

· 雨越来越大。　　　　　　　비가 점점 많이 내린다.
　Yǔ yuèláiyuè dà.

■ 一… 就…

· 我一到公司就给你打电话。　나는 회사에 도착하자마자 바로 너에게 전화한다.
　Wǒ yí dào gōngsī jiù gěi nǐ dǎ diànhuà.

· 姐姐一去商店就买衣服。　　언니는 상점에 가자마자 바로 옷을 산다.
　Jiějie yí qù shāngdiàn jiù mǎi yīfu.

step | **01** 认一认

그림쏙쏙 105

①
一件衬衣
yí jiàn chènyī
셔츠 한 장

②
一套西服
yí tào xīfú
양복 한 벌

③
五条领带
wǔ tiáo lǐngdài
넥타이 다섯 개

④
一套套裙
yí tào tàoqún
투피스 한 벌

⑤
一件晚礼服
yí jiàn wǎnlǐfú
연회복 한 벌

⑥
一件夹克
yí jiàn jiákè
재킷 한 벌

⑦
一条牛仔裤
yì tiáo niúzǎikù
청바지 한 벌

⑧
一件毛衣
yí jiàn máoyī
스웨터 한 벌

⑨
一副眼镜
yí fù yǎnjìng
안경 하나

⑩
两顶帽子
liǎng dǐng màozi
모자 두 개

⑪
一双皮鞋
yì shuāng píxié
구두 한 켤레

⑫
一套内衣
yí tào nèiyī
속옷 한 벌

106

衬衣 chènyī 셔츠 | 西服 xīfú 양복 | 套裙 tàoqún 투피스 | 晚礼服 wǎnlǐfú 연회복
| 夹克 jiákè 재킷 | 毛衣 máoyī 스웨터 | 牛仔裤 niúzǎikù 청바지 | 内衣 nèiyī 내의
| 眼镜 yǎnjìng 안경 | 皮鞋 píxié 구두 | 领带 lǐngdài 넥타이 | 套 tào 벌, 세트 | 条
tiáo 벌 | 副 fù 짝

■ 의복을 세는 양사 '件, 条, 套'

- 一件毛衣　　스웨터 한 벌
  yí jiàn máoyī

- 一条裤子　　바지 한 벌
  yì tiáo kùzi

- 一套西服　　양복 한 벌
  yí tào xīfú

- 两件衬衣　　셔츠 두 벌
  liǎng jiàn chènyī

- 一条领带　　넥타이 하나
  yì tiáo lǐngdài

- 两套内衣　　내의 두 벌
  liǎng tào nèiyī

＊裤子 kùzi 바지

■ 짝을 세는 양사 '副, 双'

- 一副眼镜　　안경 하나
  yí fù yǎnjìng

- 一双皮鞋　　구두 한 켤레
  yì shuāng píxié

step | 02　说一说

 107

①  他穿着一套黑色的西服，戴着一副眼镜，系着一条绿色的
领带。

Tā chuān zhe yí tào hēisè de xīfú, dài zhe yí fù yǎnjìng, jì zhe yì tiáo lǜsè de lǐngdài.

그는 검은색 양복 한 벌을 입고 있고, 안경을 썼으며, 녹색 넥타이를 매고 있다.

②

他穿着一件灰色的T恤，一条蓝色的牛仔裤，戴着一顶黄色的帽子。

Tā chuān zhe yí jiàn huīsè de T xù, yì tiáo lánsè de niúzǎikù, dài zhe yì dǐng huángsè de màozi.

그는 회색 티셔츠와 파란색 청바지를 입고 있고, 노란색 모자를 쓰고 있다.

③

她穿着一套粉红色的套裙，一双皮鞋。

Tā chuān zhe yí tào fěnhóngsè de tàoqún, yì shuāng píxié.

그녀는 분홍색 투피스 한 벌을 입고 있고, 구두를 신고 있다.

 🎧 108

穿 chuān 입다 | 戴 dài 쓰다 | 系 jì 매다 | 颜色 yánsè 색깔 | 黑色 hēisè 검은색 | 灰色 huīsè 회색 | 白色 báisè 흰색 | 粉红色 fěnhóngsè 분홍색 | 黄色 huángsè 노란색 | 绿色 lǜsè 녹색 | 蓝色 lánsè 파란색 | 着 zhe ~하고 있다

핵심콕콕 🎯

■ '着'는 상태의 지속

• 张经理穿着一套西服。　　장 사장님은 양복을 입고 있다.
　Zhāng jīnglǐ chuān zhe yí tào xīfú.

• 我戴着一顶帽子。　　나는 모자를 쓰고 있다.
　Wǒ dài zhe yì dǐng màozi.

• 他系着一条蓝色的领带。　그는 파란색 넥타이를 매고 있다.
　Tā jì zhe yì tiáo lánsè de lǐngdài.

회화술술

■ 회의 전날 밤 🎧 109

李先生 明天公司有一个重要的会议。
Míngtiān gōngsī yǒu yí ge zhòngyào de huìyì.

我穿什么好？
Wǒ chuān shénme hǎo?

他妻子 穿白色的衬衣和那套灰色的西服吧!
Chuān báisè de chènyī hé nà tào huīsè de xīfú ba!

李先生 系什么颜色的领带？
Jì shénme yánsè de lǐngdài?

他妻子 蓝色很正式，和灰色、白色也相配。
Lánsè hěn zhèngshì, hé huīsè、báisè yě xiāngpèi.

系蓝色的领带吧!
Jì lánsè de lǐngdài ba!

李先生 好，听你的!
Hǎo, tīng nǐ de!

이 선생 내일 회사에 중요한 회의가 있는데, 나 뭘 입으면 좋을까?
부인 흰색 셔츠에 저 회색 양복을 입어 봐.
이 선생 무슨 색 넥타이를 매지?
부인 파란색이 정식이고, 회색과 흰색에도 잘 어울리니깐 파란색 넥타이를 매 봐.
이 선생 좋아. 당신 말 들을게.

단어등장 🎧 110

会议 huìyì 회의 | 那 nà 저, 저것, 그, 그것 | 重要 zhòngyào 중요하다 | 正式 zhèngshì
정식이다 | 相配 xiāngpèi 어울리다 | 听 tīng 듣다

■ 세탁소에서 🎧 111

小王 **这两条牛仔裤需要水洗，这两套羊毛的衣服需要干洗。**
Zhè liǎng tiáo niúzǎikù xūyào shuǐxǐ, zhè liǎng tào yángmáo de yīfu xūyào gānxǐ.

服务员 **好的，我记一下。**
Hǎo de, wǒ jì yíxià.

小王 **什么时候可以取？**
Shénme shíhou kěyǐ qǔ?

服务员 **后天下午。**
Hòutiān xiàwǔ.

샤오왕 이 청바지 두 벌은 물세탁 해야 하고요. 이 모직 옷 두 벌은 드라이클리닝 해야 해요.
종업원 네, 기억해 둘게요.
샤오왕 언제쯤 가져갈 수 있나요?
종업원 모레 오후에요.

■ 小王의 일기 🎧 112

我 最 喜 欢 穿 的 衣 服 是 T 恤 、 牛 仔 裤 ， 可 是 公 司 要 求 上 班
Wǒ zuì xǐhuan chuān de yīfu shì T xù、niúzǎikù, kěshì gōngsī yāoqiú shàngbān

必 须 穿 西 服 ， 系 领 带 。 所 以 ， 我 只 有 周 末 ， 才 能 穿 休 闲 服 。
bìxū chuān xīfú, jì lǐngdài. Suǒyǐ, wǒ zhǐyǒu zhōumò, cáinéng chuān xiūxiánfú.

내가 가장 좋아하는 옷은 티셔츠, 청바지인데, 회사에서는 출근할 때 꼭 양복에 넥타이를
매도록 요구한다. 그래서 나는 주말에만 겨우 평상복을 입을 수 있다.

■ 단어등장 🎧 113

羊毛 yángmáo 양모 | 休闲服 xiūxiánfú 평상복 | 周末 zhōumò 주말 | 洗衣店 xǐ
yīdiàn 세탁소 | 水洗 shuǐxǐ 물세탁(하다) | 干洗 gānxǐ 드라이클리닝(하다) | 需要 xūyào
필요하다 | 记 jì 기억하다 | 取 qǔ 가져가다 | 要求 yāoqiú 요구하다 | 一下 yíxià 좀
~하다 | 必须 bìxū 반드시, 꼭 | 所以 suǒyǐ 그래서 | 只有 zhǐyǒu ~해야만 할 수 있다
| 才能 cáinéng 비로소 할 수 있다

■ 听你的

· A : 我们吃烤鸭吧!   우리 오리구이 먹자.
    Wǒmen chī kǎoyā ba!

    B : 好，听你的!   좋아. 네 말 들을게.
    Hǎo, tīng nǐ de!

■ '那'는 '저것'

· 那位顾客   저 손님   那辆汽车   저 차
   nà wèi gùkè   nà liàng qìchē

■ '所以'는 '그래서'

· 我不饿，所以现在不想吃饭。 나는 배고프지 않아서(원인), 지금 밥 먹고 싶지 않다(결과).
   Wǒ bú è, suǒyǐ xiànzài bù xiǎng chīfàn.

· 堵车了，所以我迟到了。   길이 막혀서(원인), 나는 지각했다(결과).
   Dǔchē le, suǒyǐ wǒ chídào le.

■ 只有…才(能)…

· 只有总经理来，才能开会。   사장님이 와야, 비로소 회의를 열 수 있다.
   Zhǐyǒu zǒngjīnglǐ lái, cáinéng kāihuì.

· 只有星期六，我才回家。   토요일에만, 나는 비로소 집에 간다.
   Zhǐyǒu xīngqīliù, wǒ cái huíjiā.

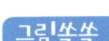   118

①

他喜欢听音乐。
Tā xǐhuan tīng yīnyuè.
그는 음악을 듣는 것을 좋아한다.

②

我喜欢看电影。
Wǒ xǐhuan kàn diànyǐng.
나는 영화 보는 것을 좋아한다.

③

她喜欢爬山。
Tā xǐhuan pá shān.
그녀는 등산하는 것을 좋아한다.

④

他们喜欢打高尔夫。
Tāmen xǐhuan dǎ gāo'ěrfū.
그는 골프치는 것을 좋아한다.

⑤

我喜欢逛街。
Wǒ xǐhuan guàngjiē.
나는 길거리 쇼핑하는 것을 좋아한다.

⑥

我们喜欢打网球。
Wǒmen xǐhuan dǎ wǎngqiú.
나는 테니스 치는 것을 좋아한다.

⑦

她喜欢跑步。
Tā xǐhuan pǎobù.
그녀는 달리기 하는 것을 좋아한다.

⑧

他喜欢玩儿电子游戏。
Tā xǐhuan wánr diànzǐ yóuxì.
그는 컴퓨터게임을 하는 것을 좋아한다.

⑨

她们喜欢聊天儿。
Tāmen xǐhuan liáotiānr.
그녀들은 수다 떠는 것을 좋아한다.

단어등장 🎧 119

爱好 àihào 취미 | 音乐 yīnyuè 음악 | 电影 diànyǐng 영화 | 山 shān 산 | 高尔夫 gāo'ěrfū 골프 | 网球 wǎngqiú 테니스 | 电子游戏 diànzǐ yóuxì 컴퓨터 게임 | 爬 pá (산에)오르다 | 打 dǎ 치다 | 玩儿 wánr 놀다 | 逛街 guàngjiē 길거리 쇼핑하다 | 跑步 pǎobù 달리기하다 | 聊天儿 liáotiānr 수다 떨다 | 对…感兴趣 duì…gǎnxìngqù ~에 흥미가 있다

핵심콕콕

■ 취미생활 묻기

• 你喜欢做什么？   당신은 무엇을 하기를 좋아하세요?
　Nǐ xǐhuan zuò shénme?

• 你有什么爱好？   당신은 무슨 취미를 갖고 계세요?
　Nǐ yǒu shénme àihào?

- 你的爱好是什么？　당신의 취미는 무엇인가요?
  Nǐ de àihào shì shénme?

- 你对什么感兴趣？　당신은 무엇에 흥미가 있으신가요?
  Nǐ duì shénme gǎnxìngqù?

■ 취미생활 표현하기

- 我喜欢听音乐。　저는 음악 듣는 것을 좋아합니다.
  Wǒ xǐhuan tīng yīnyuè.

- 我的爱好是打网球。　제 취미는 테니스 치기입니다.
  Wǒ de àihào shì dǎ wǎngqiú.

step | 02 | 说一说

■ 취미생활 🎧 120

小李　明天是星期天，我们去打高尔夫吧!
　　　Míngtiān shì xīngqītiān, wǒmen qù dǎ gāo'ěrfū ba!

小王　不行，明天我得加班。
　　　Bùxíng, míngtiān wǒ děi jiābān.

小李　你们公司怎么老加班啊？
　　　Nǐmen gōngsī zěnme lǎo jiābān a?

小王　因为我们老板是一个工作狂!
　　　Yīnwèi wǒmen lǎobǎn shì yí ge gōngzuòkuáng!

　　　他最大的爱好是工作!
　　　Tā zuì dà de àihào shì gōngzuò!

샤오리　내일 일요일인데, 우리 골프 치러 가자.
샤오왕　안 돼. 나 내일 추가근무 해야 하거든.
샤오리　너희 회사는 어떻게 늘 추가근무냐?
샤오왕　왜냐하면, 우리 사장님이 일벌레거든! 그의 가장 큰 취미가 일이야!

■ 거실에서 🎧 121

李先生 快换到体育台，足球比赛快开始了。
Kuài huàn dào tǐyùtái, zúqiú bǐsài kuài kāishǐ le.

他妻子 不行，我正在看电视剧呢!
Bùxíng, wǒ zhèngzài kàn diànshìjù ne!

李先生 求你了，这场比赛非常重要啊!
Qiú nǐ le, zhè cháng bǐsài fēicháng zhòngyào a!

他妻子 你真是一个足球迷!
Nǐ zhēn shì yí ge zúqiúmí!

이 선생 빨리 스포츠 채널로 돌려 봐, 축구 경기가 곧 시작할 거야.
부인 안 돼, 나 지금 드라마 보고 있잖아!
이 선생 부탁할게, 이번 경기 진짜 중요해!
부인 당신 정말 축구광이야!

단어등장 🎧 122

行 xíng ~해도 좋다 | 得 děi ~해야 한다 | 加班 jiābān 추가근무하다 | 换 huàn 바꾸다 | 开始 kāishǐ 시작하다 | 求 qiú 부탁하다 | 老 lǎo 맨날 | 正在 zhèngzài 마침 ~중이다 | 非常 fēicháng 매우 | 老板 lǎobǎn 사장 | 体育台 tǐyùtái 스포츠채널 | 电视剧 diànshìjù 드라마 | 工作狂 gōngzuòkuáng 일벌레 | 迷 mí 광, 애호가 | 足球 zúqiú 축구 | 比赛 bǐsài 경기 | 场 cháng 운동 경기를 세는 양사 | 因为 yīnwèi 왜냐하면

핵심콕콕 🎯

■ '得'는 '~해야 한다'

· 明天我得去机场。
Míngtiān wǒ děi qù jīchǎng.
내일 나는 공항에 가야 한다.

· 上班得穿西服。
Shàngbān děi chuān xīfú.
출근할 때는 양복을 입어야 한다.

■ 因为… 所以…

· 因为堵车，所以我今天迟到了。 차가 막혀서, 나는 오늘 지각했다.
Yīnwèi dǔchē, suǒyǐ wǒ jīntiān chídào le.

· 因为太累了，所以我不想吃饭。 너무 피곤해서, 밥을 먹고 싶지 않다.
Yīnwèi tài lèi le, suǒyǐ wǒ bù xiǎng chīfàn.

■ '正在'는 동작의 진행형

- 他正在吃饭。
  Tā zhèngzài chīfàn.
  그는 밥을 먹고 있다.

- 我在给他打电话呢。
  Wǒ zài gěi tā dǎ diànhuà ne.
  나는 그에게 전화하고 있다.

■ 怎么老…啊?

- 你怎么老迟到啊?
  Nǐ zěnme lǎo chídào a?

  너는 어떻게 맨날 지각하니?

- 姐姐怎么老看电视剧啊?
  Jiějie zěnme lǎo kàn diànshìjù a?

  언니는 어떻게 줄곧 드라마만 봐?

■ '迷'는 열광팬

- 电影迷　　영화광
  diànyǐngmí

- 电视剧迷　드라마광
  diànshìjùmí

step | 03 | 练一练

■ 小张의 취미 🎧 123

我有很多爱好，比如听音乐、看电影、打网球。不过我最
Wǒ yǒu hěn duō àihào, bǐrú tīng yīnyuè、kàn diànyǐng、dǎ wǎngqiú.　　　Búguò wǒ zuì

喜欢打网球。从周一到周五，我都得上班，没有时间。周六和
xǐhuan dǎ wǎngqiú.　Cóng zhōuyī dào zhōuwǔ, wǒ dōu děi shàngbān, méiyǒu shíjiān. Zhōuliù hé

周日如果不加班，我就和朋友们去打网球。打网球累是累，不过
zhōurì rúguǒ bù jiābān, wǒ jiù hé péngyoumen qù dǎ wǎngqiú.　Dǎ wǎngqiú lèi shì lèi, búguò

可以锻炼身体，也可以放松精神。
kěyǐ duànliàn shēntǐ, yě kěyǐ fàngsōng jīngshén.

나는 취미가 아주 많다. 예를 들어, 음악 듣기, 영화 보기, 테니스 치기가 있다. 그러나 내가 제일 좋아하는 것은 테니스 치는 것이다. 월요일부터 금요일까지 는 모두 출근해야 해서 시간이 없다. 토요일과 일요일에 추가근무를 하지 않으면 친구들과 테니스를 치러 간다. 테니스 치는 것이 피곤하기는 하지만, 체력을 단련시킬 수 있고, 마음도 편안해진다.

단어등장 🎧 124

比如 bǐrú 예를 들면 ｜ 不过 búguò 그러나 ｜ 如果 rúguǒ 만약 ｜ 周 zhōu 주, 요일 ｜ 时间 shíjiān 시간 ｜ 朋友 péngyou 친구 ｜ 精神 jīngshén 정신 ｜ 放松 fàngsōng 느슨하다, 이완시키다 ｜ 都 dōu 모두

핵심콕콕 ◉━━●

■ '都'는 '모두'

- 他每天都坐公共汽车。　　그는 매일 모두 버스를 탑니다.
  Tā měi tiān dōu zuò gōnggòngqìchē.

- 从三点到六点，我都在家。　3시부터 6시까지, 나는 쭉 집에 있습니다.
  Cóng sān diǎn dào liù diǎn, wǒ dōu zài jiā.

■ 如果…, 就…

- 如果下雨，我就不去打网球。　만약 비가 오면, 나는 테니스 치러 가지 않을 것이다.
  Rúguǒ xiàyǔ, wǒ jiù bú qù dǎ wǎngqiú.

- 如果你喜欢，就买吧!　　만약 네 맘에 든다면 사!
  Rúguǒ nǐ xǐhuan, jiù mǎi ba!

■ …是…, 不过…

- 这个菜辣是辣，不过很好吃。　이 요리는 맵긴 맵지만, 아주 맛있다.
  Zhè ge cài là shì là, búguò hěn hǎochī.

- 我喜欢是喜欢，不过不想买。　좋아하긴 하지만, 사고 싶지 않다.
  Wǒ xǐhuan shì xǐhuan, búguò bù xiǎng mǎi.

＊好吃 hǎochī 맛있다

10 我是2000年开始工作的。

저는 2000년에 일을 시작했습니다.

그림쏙쏙 128

①

他吃过北京烤鸭。
Tā chī guo Běijīng kǎoyā.
그는 북경오리를 먹어 봤다.

②

他去过上海。
Tā qù guo Shànghǎi.
그는 상하이에 가 봤다.

③

他打过高尔夫。
Tā dǎ guo gāo'ěrfū.
그는 골프를 쳐 봤다.

④

他坐过飞机。
Tā zuò guo fēijī.
그는 비행기를 타 봤다.

⑤

他在星期天加过班。
Tā zài xīngqītiān jiā guo bān.
그는 일요일에 연장근무를 해 봤다.

⑥

他发过传真。
Tā fā guo chuánzhēn.
그는 팩스를 보내 봤다.

⑦

他骑过自行车。
Tā qí guo zìxíngchē.
그는 자전거를 타 봤다.

⑧

他学过汉语。
Tā xué guo Hànyǔ.
그는 중국어를 배워 봤다.

⑨

他玩儿过电子游戏。
Tā wánr guo diànzǐ yóuxì.
그는 컴퓨터게임을 해 봤다.

 129

过 guo ～한 적이 있다 ｜ 北京 Běijīng 베이징

핵심콕콕

■ 경험의 '过'

긍정	부정
· 我去过北京。 Wǒ qù guo Běijīng. 나는 베이징에 가 봤다.	· 我没去过北京。 Wǒ méi qù guo Běijīng. 나는 베이징에 가 본 적이 없다.
· 他给我打过电话。 Tā gěi wǒ dǎ guo diànhuà. 그는 나에게 전화한 적이 있다.	· 他没给我打过电话。 Tā méi gěi wǒ dǎ diànhuà. 그는 나에게 전화한 적이 없다.

①
她是2000年毕业的。
Tā shì èr líng líng líng nián bìyè de.
그녀는 2000년에 졸업한 것이다.

②
他们是在教堂结婚的。
Tāmen shì zài jiàotáng jiéhūn de.
그들은 교회에서 결혼한 것이다.

③
她是坐飞机去出差的。
Tā shì zuò fēijī qù chūchāi de.
그녀는 비행기를 타고 출장을 간 것이다.

④
我们是小王介绍才认识的。
Wǒmen shì Xiǎo Wáng jièshào cái rènshi de.
우리는 샤오왕이 소개해줘서 알게 된 것이다.

⑤
他们是在酒吧见面的。
Tāmen shì zài jiǔbā jiànmiàn de.
그들은 술집에서 만난 것이다.

⑥
她是从2002年开始工作的。
Tā shì cóng èr líng líng èr nián kāishǐ gōngzuò de.
그녀는 2002년부터 일하기 시작했다.

 **131**

毕业 bìyè 졸업하다 | 结婚 jiéhūn 결혼하다 | 出差 chūchāi 출장가다 | 介绍 jièshào
소개하다 | 认识 rènshi 알다 | 见面 jiànmiàn 만나다 | 大学 dàxué 대학 | 教堂
jiàotáng 교회 | 酒吧 jiǔbā 술집

핵심콕콕

■ '是……的'는 강조용법

① 시간 강조

Q : 你是什么时候大学毕业的？　　당신은 언제 대학을 졸업한 것입니까？
Nǐ shì shénme shíhou dàxué bìyè de?

A : 去年。　　　　　　　　작년에요.
Qùnián.

② 장소 강조

Q : 你是在哪儿吃的？　　　당신은 어디에서 먹었습니까？
Nǐ shì zài nǎr chī de?

A : 饭馆。　　　　　　　　식당에서요.
Fànguǎn.

③ 방법 강조

Q : 他怎么来的？　　　　　그는 어떻게 왔습니까？
Tā zěnme lái de?

A : 打的来的。　　　　　　택시타고 온 거에요.
Dǎdī lái de.

🎵회화술술 🎧 132

从 1990 年 到 1994 年 ， 我 在 北 方 大 学 读 本 科 ， 专 业 是
Cóng yī jiǔ jiǔ líng nián dào yī jiǔ jiǔ sì nián, wǒ zài Běifāng dàxué dú běnkē, zhuānyè shì

工 商 管 理 。 毕 业 后 到 97 年 ， 读 了 三 年 M B A 。 然 后 从 97 年
gōngshāng guǎnlǐ. Bìyè hòu dào jiǔ qī nián, dú le sān nián MBA. Ránhòu cóng jiǔ qī nián

到 2000 年 在 南 方 大 学 读 了 经 济 学 的 博 士 。 我 的 第 一 份 工 作
dào èr líng líng líng nián zài Nánfāng dàxué dú le jīngjìxué de bóshì. Wǒ de dì yī fèn gōngzuò

是 大 明 公 司 的 职 员 ， 后 来 是 经 理 助 理 。 从 05 年 到 现 在
shì Dàmíng gōngsī de zhíyuán, hòulái shì jīnglǐ zhùlǐ. Cóng líng wǔ nián dào xiànzài

我 一 直 是 东 方 公 司 的 市 场 部 主 管 。
wǒ yìzhí shì Dōngfāng gōngsī de shìchǎngbù zhǔguǎn.

1990년부터 1994년까지 저는 북방대학교에서 학사과정을 이수했습니다. 전공은 경영학이고 졸업 후에 97년까지 3년 동안 MBA 과정을 이수했습니다. 그 후에 97년부터 2000년까지 남방대학교에서 경제학 박사학위를 취득했습니다. 저의 첫 직업은 따밍회사의 직원이었고, 나중에 사장 보좌관이 되었습니다. 2005년부터 지금까지 계속 동방회사에서 마케팅팀 팀장으로 있습니다.

🎵단어등장 🎧 133

经历 jīnglì 경력 | 学历 xuélì 학력 | 院校 yuànxiào 대학교 | 单位 dānwèi 회사, 직장 | 读 dú 공부하다 | 本科 běnkē 학부 | 硕士 shuòshì 석사 | 博士 bóshì 박사 | 专业 zhuānyè 전공 | 工商管理学 gōngshāng guǎnlǐxué 경영학 | 经济学 jīngjìxué 경제학 | 职务 zhíwù 직무 | 市场部 shìchǎngbù 마케팅팀 | 助理 zhùlǐ 보좌관 | 主管 zhǔguǎn 팀장 | 然后 ránhòu 그후에 | 第 dì 제, ~번째 | 份 fèn 일을 세는 양사 | 一直 yìzhí 줄곧, 계속

- **시간과 장소 표현하기**

  · 我 + 昨天 + 在家 + 休息。　　　　나는 어제 집에서 쉬었다.
  　Wǒ zuótiān zài jiā xiūxi.

  · 我明年到日本工作。　　　　나는 내년에 일본에 가서 일할 것이다.
  　Wǒ míngnián dào Rìběn gōngzuò.

  　　　　　　　　　　*休息 xiūxi 휴식하다 | 日本 Rìběn 일본

- **'一直'는 '계속'**

  · 从9点到12点，小王一直在工作。　9시부터 12시까지 샤오왕은 줄곧 일한다.
  　Cóng jiǔ diǎn dào shí'èr diǎn, Xiǎo Wáng yìzhí zài gōngzuò.

  · 这几天的天气一直很好。　　　　요 며칠 날씨가 계속 좋다.
  　Zhè jǐ tiān de tiānqì yìzhí hěn hǎo.

- **读了三年MBA**

  · 休息七天。　　　　7일 동안 쉬다.
  　Xiūxi qī tiān.

  · 我今天上两个小时的课。　　　　나는 오늘 두 시간 수업을 들었다.
  　Wǒ jīntiān shàng liǎng ge xiǎoshí de kè.

  · 我学习了半个月汉语。　　　　나는 반 개월 동안 중국어를 공부했다.
  　Wǒ xuéxí le bàn ge yuè Hànyǔ.

  · 你工作了几年？　　　　당신은 몇 년 동안 일했습니까？
  　Nǐ gōngzuò le jǐ nián?

  　　　　　　　　*小时 xiǎoshí 시간 | 上课 shàngkè 수업하다, 수업을 듣다

11 男职员是女职员的两倍。

남자 직원이 여자 직원의 두 배입니다.

step **01** 认一认

 137

〈大明公司职员人数柱形图〉

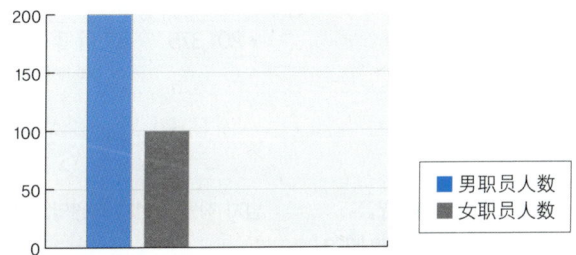

■ 男职员人数
■ 女职员人数

这是公司职员的人数柱形图。公司一共有三百名职员，
Zhè shì gōngsī zhíyuán de rénshù zhùxíngtú. Gōngsī yígòng yǒu sānbǎi míng zhíyuán,

其中一百名是女职员，二百名是男职员。
qízhōng yìbǎi míng shì nǚ zhíyuán, èrbǎi míng shì nán zhíyuán.

男职员占公司职员的三分之二，女职员占公司职员的
Nán zhíyuán zhàn gōngsī zhíyuán de sān fēnzhī èr, nǚ zhíyuán zhàn gōngsī zhíyuán de

三分之一。 男职员是女职员的两倍。
sān fēnzhī yī. Nán zhíyuán shì nǚ zhíyuán de liǎng bèi.

이것은 회사 직원 수에 대한 막대그래프입니다. 회사에는 모두 300명의 직원이 있고, 그중에 100명
이 여자 직원이며, 200명이 남자 직원입니다. 남자 직원은 회사 직원의 3분의 2를 차지하고, 여자 직
원은 회사 직원의 3분의 1을 차지합니다. 남자 직원은 여자 직원의 두 배입니다.

柱形图 zhùxíngtú 막대그래프 ｜ 人数 rénshù 인원수 ｜ 名 míng 명 (양사) ｜ 占 zhàn 차지하다 ｜ 其中 qízhōng 그 중 ｜ 分之 fēnzhī ~분의~ ｜ 百分之 bǎifēnzhī 백분의~ ｜ 倍 bèi 배

핵심콕콕 🎯

■ 분수의 표현 '分之'

- 2/5 　五分之二
　　　　wǔ fēnzhī èr

- 1/100 　百分之一
　　　　bǎifēnzhī yī

■ 소수의 표현 '点'

- 3.2 　三点二
　　　　sān diǎn èr

- 201.375 　二百零一点三七五
　　　　　　èr bǎi líng yī diǎn sān qī wǔ

■ 배수의 표현 '倍'

- 男职员是女职员的两倍。
　Nán zhíyuán shì nǚ zhíyuán de liǎng bèi.

　남자 직원이 여자 직원의 두 배이다.

■ 부분과 전체의 수량 관계 '占'

- 女职员占公司职员的三分之一。
　Nǚ zhíyuán zhàn gōngsī zhíyuán de sān fēnzhī yī.
　여자 직원이 회사 직원의 3분의 1을 차지한다.

- 市场部职员占公司职员的百分之二十。
　Shìchǎngbù zhíyuán zhàn gōngsī zhíyuán de bǎifēnzhī èrshí.
　마케팅팀 직원이 회사 직원의 20%를 차지한다.

회화술술

■ 판매 현황 보고 🎧 139

小李　经理，这是这个月的销售情况，请您过目。
　　　Jīnglǐ, zhè shì zhè ge yuè de xiāoshòu qíngkuàng, qǐng nín guòmù.

赵经理　怎么比上个月下降了百分之十啊？
　　　Zěnme bǐ shàng ge yuè xiàjiàng le bǎifēnzhī shí a?

小李　最近我们对面新开了一个超市，所以⋯
　　　Zuìjìn wǒmen duìmiàn xīn kāi le yí ge chāoshì, suǒyǐ⋯

赵经理　你去通知销售部门的职员，
　　　Nǐ qù tōngzhī xiāoshòu bùmén de zhíyuán,

　　　下午开一个紧急会议，商量一下解决办法。
　　　xiàwǔ kāi yí ge jǐnjí huìyì, shāngliáng yíxià jiějué bànfǎ.

小李　好的，我马上去。
　　　Hǎo de, wǒ mǎshàng qù.

샤오리　사장님, 이번 달의 판매상황입니다. 검토해주십시오.
조 사장　어떻게 지난 달에 비해서 10% 감소했습니까?
샤오리　최근에 저희 맞은편에 마트가 새로 생겼는데, 그래서⋯⋯
조 사장　가서 영업부 직원에게 오후에 긴급회의를 열어 해결방법을 논의하자고 알리세요.
샤오리　네, 바로 가겠습니다.

단어등장 🎧 140

销售 xiāoshòu 판매 | 过目 guòmù 훑어보다 | 下降 xiàjiàng 하강하다 | 开 kāi 열다 | 通知 tōngzhī 알리다 | 商量 shāngliáng 상의하다 | 解决 jiějué 해결하다 | 情况 qíngkuàng 상황 | 最近 zuìjìn 최근 | 对面 duìmiàn 맞은편 | 超市 chāoshì 슈퍼마켓, 마트 | 部门 bùmén 부서 | 办法 bànfǎ 방법 | 新 xīn 새롭다 | 紧急 jǐnjí 긴급하다 | 这个月 zhè ge yuè 이번 달 | 上个月 shàng ge yuè 지난 달 | 下个月 xià ge yuè 다음 달 | 马上 mǎshàng 곧

■ 신규채용 공고를 보고 🎧 141

小王　我们公司又要招聘新职员了。
　　　Wǒmen gōngsī yòu yào zhāopìn xīn zhíyuán le.

小张　计划招聘多少人？
　　　Jìhuà zhāopìn duōshao rén?

小王　50人，比去年增长了20%左右。
　　　Wǔshí rén, bǐ qùnián zēngzhǎng le bǎifēnzhī èrshí zuǒyòu.

小张　看来公司的规模越来越大。
　　　Kànlái gōngsī de guīmó yuèláiyuè dà.

小王　是啊，公司职员之间的竞争也越来越激烈。
　　　Shì a, gōngsī zhíyuán zhījiān de jìngzhēng yě yuèláiyuè jīliè.

샤오왕　우리 회사 또 신입사원 모집하려고 하더군.
샤오짱　몇 명 모집할 계획이래?
샤오왕　50명, 작년보다 20%가량 늘었어.
샤오짱　보아하니, 회사의 규모가 갈수록 커지는군.
샤오왕　그래, 회사 직원 간의 경쟁도 갈수록 격렬해지고 있지.

단어등장 🎧 142

招聘 zhāopìn 모집하다 ∣ 计划 jìhuà 계획하다 ∣ 增长 zēngzhǎng 증가하다 ∣ 看来 kànlái 보아하니 ∣ 规模 guīmó 규모 ∣ 竞争 jìngzhēng 경쟁 ∣ 激烈 jīliè 격렬하다 ∣ 之间 zhījiān 사이 ∣ 左右 zuǒyòu 가량

■ '比' 비교문

- 这件衣服比那件衣服贵100块。　　이 옷은 저 옷보다 100원 더 비싸다.
  Zhè jiàn yīfu bǐ nà jiàn yīfu guì yìbǎi kuài.

- 昨天的气温比今天的气温高3度。　　어제 기온이 오늘 기온보다 3도 높다.
  Zuótiān de qìwēn bǐ jīntiān de qìwēn gāo sān dù.

■ 어림수 표현

① 숫자(10의 배수) + 多 + 양사 + 명사

- 二十多个人　　20여 명
  èrshí duō ge rén

- 三十多岁　　30여 세
  sānshí duō suì

② 숫자(10의 배수) + 양사 + 명사 + **左右**

- 十个人左右　　10명 전후
  shí ge rén zuǒyòu

- 百分之七十左右　　70% 전후
  bǎifēnzhī qīshí zuǒyòu

③ 두 개의 이웃하는 숫자 + 양사 + 명사

- 两三个人　　두세 명
  liǎng sān ge rén

- 二十一二岁　　스물 한 두 살
  èrshíyī èr suì

■ '看来'는 '보아하니'

- 他一回家就睡觉了，看来他很累。
  Tā yì huíjiā jiù shuìjiào le, kànlái tā hěn lèi.
  그가 집에 오자마자 자는 걸 보니 매우 피곤한 것 같다.

- 外边的人都穿着很厚的衣服，看来今天很冷。
  Wàibian de rén dōu chuān zhe hěn hòu de yīfu, kànlái jīntiān hěn lěng.
  바깥에 사람들이 모두 두꺼운 옷을 입은 걸 보니, 오늘 매우 추운 것 같다.

*厚 hòu 두껍다

 🎧 143

〈世界人均啤酒消费量变化图〉

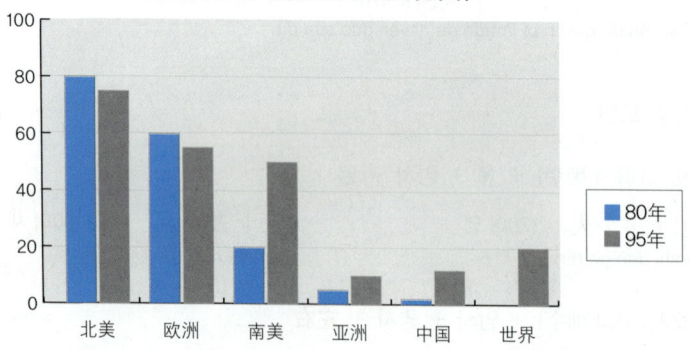

这个图表示的是80年和95年世界人均啤酒消费量的变化。
Zhè ge tú biǎoshì de shì bā líng nián hé jiǔ wǔ nián shìjiè rénjūn píjiǔ xiāofèiliàng de biànhuà.

从图中我们可以知道，北美和欧洲的人均啤酒消费量很大，不过
Cóng tú zhōng wǒmen kěyǐ zhīdào. Běiměi hé Ōuzhōu de rénjūn píjiǔ xiāofèiliàng hěn dà, búguò

95年比80年下降了一些。南美、亚洲和中国80年的人均啤酒
jiǔ wǔ nián bǐ bā líng nián xiàjiàng le yìxiē. Nánměi, Yàzhōu hé Zhōngguó bā líng nián de rénjūn píjiǔ

消费量不太大，但是95年比80年明显增长了。其中增长
xiāofèiliàng bú tài dà, dànshì jiǔ wǔ nián bǐ bā líng nián míngxiǎn zēngzhǎng le. Qízhōng zēngzhǎng

最多的是南美，已经接近欧洲的消费量，超过了世界人均啤酒
zuì duō de shì Nánměi, yǐjīng jiējìn Ōuzhōu de xiāofèiliàng, chāoguò le shìjiè rénjūn píjiǔ

消费量。亚洲和中国95年的人均啤酒消费量虽然增长了，但是
xiāofèiliàng. Yàzhōu hé Zhōngguó jiǔ wǔ nián de rénjūn píjiǔ xiāofèiliàng suīrán zēngzhǎng le, dànshì

比95年世界人均啤酒消费量还低百分之五十左右。
bǐ jiǔ wǔ nián shìjiè rénjūn píjiǔ xiāofèiliàng hái dī bǎifēnzhī wǔshí zuǒyòu.

이 도표는 80년과 95년 세계 1인당 평균 맥주 소비량의 변화에 대한 것입니다. 도표에서 알 수 있듯이, 북미지역과 유럽지역의 평균 맥주 소비량은 매우 많습니다. 그러나 95년도는 80년도에 비해서 다소 감소했습니다. 남미와 아시아 그리고 중국의 80년도 평균 맥주 소비량은 많지 않습니다. 그러나 80년도에 비해서 95년도에 눈에 띄게 증가 했습니다. 그중에 가장 많이 증가한 곳은 남미입니다. 이미 유럽의 소비량에 근접하고, 세계 평균 맥주 소비량을 넘어섰습니다. 아시아와 중국의 95년도 맥주 소비량은 비록 증가하기는 했지만, 95년도 세계 1인당 평균 맥주 소비량에 비해서는 아직도 50%가량 낮다.

단어등장 🎧 144

变化 biànhuà 변화하다 ǀ 表示 biǎoshì 나타내다 ǀ 接近 jiējìn 근접하다 ǀ 超过 chāoguò 초과하다 ǀ 明显 míngxiǎn 뚜렷하다 ǀ 世界 shìjiè 세계 ǀ 人均 rénjūn 1인당 평균 ǀ 消费量 xiāofèiliàng 소비량 ǀ 图 tú 그림 ǀ 北美 Běiměi 북미 ǀ 欧洲 Ōuzhōu 유럽 ǀ 南美 Nánměi 남미 ǀ 亚洲 Yàzhōu 아시아 ǀ 一些 yìxiē 약간 ǀ 已经 yǐjīng 이미 ǀ 虽然 suīrán 비록 ǀ 还 hái 여전히

핵심콕콕 🎯

■ '的②'는 '~하는 것'

• 这个图表示的　이 도표가 표시하는 것
　zhè ge tú biǎoshì de

• 最便宜的　가장 저렴한 것
　zuì piányi de

■ '虽然'은 '비록'

• 虽然刮风，可是不冷。　비록 바람이 불지만, 춥지 않다.
　Suīrán guāfēng, kěshì bù lěng.

• 虽然他很年轻，不过身体不好。　그는 젊지만, 건강이 좋지 않다.
　Suīrán tā hěn niánqīng, búguò shēntǐ bù hǎo.

■ '还'는 '여전히'

• 今天很冷，可是他还跑步。　오늘은 매우 춥지만 그래도 그는 달리기를 한다.
　Jīntiān hěn lěng, kěshì tā hái pǎobù.

• 我吃了很多，还很饿。　나는 많이 먹었지만 여전히 배고프다.
　Wǒ chī le hěn duō, hái hěn è.

12 今年的带薪年假你休了吗?

올해 연차휴가를 쓰셨나요?

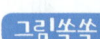 148

①

1月1日是元旦。
Yī yuè yī rì shì Yuándàn.
1월 1일은 신정이다.

②

农历1月1日是春节。
Nónglì yī yuè yī rì shì Chūnjié.
음력 1월 1일은 설날이다.

③

农历1月15日是元宵节。
Nónglì yī yuè shíwǔ rì shì Yuánxiāo Jié.
음력 1월 15일은 정월대보름이다.

④

2月14日是情人节。
Èr yuè shísì rì shì Qíngrén Jié.
2월 14일은 밸런타인데이다.

⑤

3月8日是妇女节。
Sān yuè bā rì shì Fùnǚ Jié.
3월 8일은 여성의 날이다.

⑥
5月1日是劳动节。
Wǔ yuè yī rì shì Láodòng Jié.
5월 1일은 노동절이다.

⑦
农历8月15日是中秋节。
Nónglì bā yuè shíwǔ rì shì Zhōngqiū Jié.
음력 8월 15일은 추석이다.

⑧
10月1日是国庆节。
Shí yuè yī rì shì Guóqìng Jié.
10월 1일은 국경절이다.

⑨
12月25日是圣诞节。
Shí'èr yuè èrshíwǔ rì shì Shèngdàn Jié.
12월 25일은 성탄절이다.

阴历 yīnlì 음력 ㅣ 农历 nónglì 음력 ㅣ 节日 jiérì 기념일, 명절 ㅣ 元旦 Yuándàn 신정 ㅣ 春节 Chūnjié 춘절, 설날 ㅣ 元宵节 Yuánxiāo Jié 정월대보름 ㅣ 情人节 Qíngrén Jié 밸런타인데이 ㅣ 妇女节 Fùnǚ Jié 여성의 날 ㅣ 劳动节 Láodòng Jié 노동절 ㅣ 中秋节 Zhōngqiū Jié 추석 ㅣ 国庆节 Guóqìng Jié 국경절 ㅣ 圣诞节 Shèngdàn Jié 성탄절 ㅣ 饺子 jiǎozi 만두 ㅣ 鞭炮 biānpào 폭죽 ㅣ 玫瑰花 méiguihuā 장미꽃 ㅣ 巧克力 qiǎokèlì 초콜릿 ㅣ 月亮 yuèliang 달 ㅣ 月饼 yuèbing 월병 ㅣ 放 fàng 터트리다 ㅣ 送 sòng 보내다, 선물하다

 🎧 150

周一	9：00	公司例会，布置本周工作
周二	14：00	去机场接机，从上海来的客户
周三	10：00	陪同客户参观工厂
周四	18：00	宴请客户
周五		和客户洽谈生意
周六		陪同客户打高尔夫、购物
周日		妻子生日

周一早上9点，我有公司例会，打算布置本周工作。
Zhōuyī zǎoshang jiǔ diǎn, wǒ yǒu gōngsī lìhuì, dǎsuan bùzhì běn zhōu gōngzuò.
월요일 오전 9시, 나는 회사 정기 회의가 있고, 금주 업무를 계획한다.

周二下午两点，我打算去机场接机，从上海来的客户。
Zhōu'èr xiàwǔ liǎngdiǎn, wǒ dǎsuan qù jīchǎng jiējī, cóng Shànghǎi lái de kèhù.
화요일 오후 2시, 공항에 마중 나갈 계획이다, 상하이에서 온 거래처 손님.

周三上午10点，我打算陪同客户参观工厂。
Zhōusān shàngwǔ shí diǎn, wǒ dǎsuan péitóng kèhù cānguān gōngchǎng.
수요일 오전 10시, 거래처 손님을 모시고 공장을 참관할 예정이다.

周四晚上六点，我打算宴请客户。
Zhōusì wǎnshang liù diǎn, wǒ dǎsuan yànqǐng kèhù.
목요일 저녁 6시, 거래처 손님을 식사 초대할 계획이다.

周五，我打算和客户洽谈生意。
Zhōuwǔ, wǒ dǎsuan hé kèhù qiàtán shēngyì.
금요일, 나는 거래처 고객과 사업에 대한 협의를 할 계획이다.

周六，我打算陪同客户打高尔夫，购物。
Zhōuliù, wǒ dǎsuan péitóng kèhù dǎ gāo'ěrfū, gòuwù.
토요일, 거래처 고객을 모시고 골프를 치고, 쇼핑을 할 계획이다.

周日是我妻子的生日。
Zhōurì shì wǒ qīzi de shēngrì.
일요일은 아내의 생일이다.

단어등장 🎧151

例会 lìhuì 정기모임 ㅣ 客户 kèhù 고객, 거래처 ㅣ 工厂 gōngchǎng 공장 ㅣ 生意 shēngyì 사업 ㅣ 生日 shēngrì 생일 ㅣ 打算 dǎsuan 계획하다 ㅣ 布置 bùzhì 계획하다 ㅣ 接机 jiējī 공항에 마중가다 ㅣ 陪同 péitóng 수행하다 ㅣ 参观 cānguān 참관하다 ㅣ 宴请 yànqǐng 연회로 대접하다 ㅣ 洽谈 qiàtán 교섭하다 ㅣ 购物 gòuwù 구매하다 ㅣ 本 běn 자기 쪽의, 현재의

핵심콕콕 🎙◀

■ 지시대사 '本'

• 本人　본인
  běn rén

• 本年　올해
  běn nián

• 本公司　우리 회사
  běn gōngsī

■ 打算

• 我打算去机场接机。　나는 공항에 마중 나갈 계획이다.
  Wǒ dǎsuan qù jīchǎng jiējī.

• 他打算参观工厂。　그는 공장을 참관할 예정이다.
  Tā dǎsuan cānguān gōngchǎng.

• 我打算宴请客户。　나는 고객을 식사 초대할 계획이다.
  Wǒ dǎsuan yànqǐng kèhù.

■ 휴가 계획 🎧 152

| 小刘 | 圣诞节快到了，你们公司放几天假啊？ |
| | Shèngdàn Jié kuài dào le, nǐmen gōngsī fàng jǐ tiān jià a? |

| 小王 | 大概一个星期。 |
| | Dàgài yí ge xīngqī. |

| 小刘 | 那你打算怎么过？ |
| | Nà nǐ dǎsuan zěnme guò? |

| 小王 | 和家人一起去滑雪，过一个白色的圣诞节。 你呢？ |
| | Hé jiārén yìqǐ qù huáxuě, guò yí ge báisè de Shèngdàn Jié. Nǐ ne? |

| 小刘 | 没有什么计划，现在我只想在家睡觉，好好儿休息。 |
| | Méiyǒu shénme jìhuà, xiànzài wǒ zhǐ xiǎng zài jiā shuìjiào, hǎohāor xiūxi. |

샤오리우	곧 있으면 성탄절인데, 너희 회사는 며칠 휴가야?
샤오왕	일주일 정도.
샤오리우	그럼 어떻게 보낼 계획이야?
샤오왕	가족들과 같이 스키 타러 가서 화이트 크리스마스를 보내려고. 너는?
샤오리우	별다른 계획 없어, 지금은 그냥 집에서 잠이나 자면서 잘 쉬고 싶어.

단어등장 🎧 153

放假 fàngjià 휴가 내다 ㅣ 过 guò 지내다 ㅣ 滑雪 huáxuě 스키 타다 ㅣ 大概 dàgài 대략 ㅣ
好好儿 hǎohāor 잘 ㅣ 只 zhǐ 단지, 그저

■ 휴가 신청 🎧 154

小李	怎么好久没看见你啊？
	Zěnme hǎojiǔ méi kànjiàn nǐ a?

小张	我去休假了。今年的带薪年假你休了吗？
	Wǒ qù xiūjià le. Jīnnián de dàixīn niánjià nǐ xiū le ma?

小李	本来我打算五月休假，可是老板不批，
	Běnlái wǒ dǎsuan wǔ yuè xiūjià, kěshì lǎobǎn bù pī,
	所以我的计划泡汤了。
	suǒyǐ wǒ de jìhuà pàotāng le.

小张	看来你在公司很重要啊！
	Kànlái nǐ zài gōngsī hěn zhòngyào a!

小李	你别拿我开心了！
	Nǐ bié ná wǒ kāixīn le!

샤오리 왜 오랫동안 너를 못 봤지?
샤오짱 나 휴가 냈었어. 너 올해 연차휴가 썼니?
샤오리 원래 5월에 휴가 내려고 했는데, 사장님께서 허락을 안 해주셔서 계획이 물거품 됐어.
샤오짱 보아하니 너 회사에서 중요한 사람이구나!
샤오리 나 갖고 놀리지 마!

단어등장 🎧 155

看见 kànjiàn 보다, 보이다 | 休假 xiūjià 휴가 보내다 | 批 pī 허가하다 | 泡汤 pàotāng
물거품이 되다 | 拿…开心 ná…kāixīn ~를 놀리다 | 好久 hǎojiǔ 오랫동안 | 本来
běnlái 본래, 원래 | 带薪年假 dàixīn niánjià 연차유급휴가

■ 접속사 '那'

• 如果明天下雨，那我就不去了。　　내일 비가 온다면, 그럼 난 안 갈래.
　Rúguǒ míngtiān xiàyǔ, nà wǒ jiù bú qù le.

• A :　我很累。　　　나 피곤해.
　　　Wǒ hěn lèi.

　B :　那你休息吧!　그럼 쉬어!
　　　Nà nǐ xiūxi ba!

■ 本来……，可是……，所以……

• 我本来打算去上海，可是他想去北京，所以我和他一起去北京了。
　Wǒ běnlái dǎsuan qù Shànghǎi, kěshì tā xiǎng qù Běijīng, suǒyǐ wǒ hé tā yìqǐ qù Běijīng le.
　나는 원래 상하이에 가려고 했는데 그가 베이징에 가고 싶어 해서 나는 그와 같이 베이징에 갔다.

• 我本来想喝可乐，可是没有，所以我买雪碧了。
　Wǒ běnlái xiǎng hē kělè, kěshì méiyǒu, suǒyǐ wǒ mǎi xuěbì le.
　나는 원래 콜라를 마시고 싶었는데, 없어서 사이다를 샀다.